Das Kartenhaus der Werte

Was sind Werte Wert?

Michael Mary

Das Kartenhaus der Werte

Was sind Werte Wert?

Michael Mary

Reihe *Soziale Fitness* Band 1

Epub-Ausgabe: ISBN 978-3-946370-08-6

Print-Ausgabe: ISBN 978-3-946370-09-3

Verlag: www.nordholtverlag.de

Autor: www.michaelmary.de

Wichtige Hinweise zum Copyright und Preisen der Ebooks!

Wir haben die Preise unserer Ebooks am absolut unteren Ende kalkuliert. Hier ein Überblick über Kosten, die der Preis abdecken muss. Vom Verkaufspreis gehen ab:

- 19% MwSt.
- Anteil Ebook-Shop (z.B. 30% bei Amazon).
- Kosten Bezahlsystem (PayPal etc.).
- Kosten Ebook-Konvertierung.
- Kosten Rechnungsstellung und Buchführung.
- Kosten Internetprovider, Werbung und Vertrieb.
- Honorar des Autors.
- Steueranteil des Verlages.

Sie sehen, dass in der Kalkulation kein Spielraum mehr vorhanden ist. Wenn Sie wollen, dass es unserem Verlag zukünftig möglich sein soll, weitere E-Books zu vertreiben und dem Autor, weitere E-Books zu schreiben, dann sehen Sie bitte von illegalen Kopien unserer Ebooks ab. Seien Sie fair! Darüber hinaus gilt: Es ist illegal, Kopien oder Auszugskopien dieses E-Books anzufertigen (außer für den eigenen Gebrauch) und/oder weiterzugeben oder zu vertreiben. Zitiert werden darf nur mit Angabe der Quelle unter Berücksichtigung der geltenden Rechtsbestimmungen. Wir werden jeden Missbrauch unseres Copyrights zur Anzeige bringen.

Inhalt

Vorwort

Werte sind in aller Munde. Allenthalben werden sie gelobt und beschworen. Sie werden hochgehalten und verteidigt. Sie werden aufgeblasen. Man beruft sich auf sie. Jeder spricht davon.

Kurzum - Werte haben Hochkonjunktur. Nur:

- Was sind Werte eigentlich?
- Warum werden sie ständig beschworen?
- Wofür werden Werte missbraucht?
- Und wozu taugen sie tatsächlich?
- Und worin liegt der Wert der Werte?

Die Antworten auf diese Fragen führen zu einem fundierteren und entspannteren Umgang mit Werten. Denn wer sich arglos in das Kartenhaus der Werte begibt, der muss sich nicht wundern, wenn es über ihm zusammenbricht. Ein angemessener Umgang mit dem Thema Werte trägt hingegen zur sozialen Fitness bei.

Michael Mary

Einleitung

Die Reihe, in der dieses kleine Buch erscheint, heißt “Soziale Fitness”. Fit mit dem Thema Werte umzugehen bedeutet in Bezug auf dieses Buch:

- Das aufzugreifen, was allgemein über Werte behauptet wird,
- festzustellen, was über Werte geglaubt wird,
- zu prüfen, was Werte tatsächlich sind,
- darzustellen, wie sie in der Gesellschaft wirken und wozu sie taugen, sowie
- aufzuzeigen, wie man in Wertediskussionen sinnvoll mit dem Thema umgehen kann.

Bei der Darstellung des Themas werde ich folgendermaßen vorgehen. Zuerst werde ich idealisierte Vorstellungen demontieren, die über Werte kursieren. Erst wenn das Thema auf den Boden gesellschaftlicher Tatsachen gestellt ist, komme ich zum Wert der Werte und dazu, wie man sich in Wertediskussionen am Besten verhält.

Was über Werte gesagt wird

Viele meinen zu wissen, was Werte sie sind und bedeuten. So wird allgemein behauptet, Werte wären:

- das Fundament, auf dem unsere Gesellschaft aufbaut, und
- der Kitt, der unsere Gesellschaft zusammenhält,

kurzum: Werte würden das Grundgerüst unserer Kultur darstellen.

Was wir glauben, wenn wir das glauben

Da die meisten Menschen obige Aussagen widerspruchslos übernehmen, akzeptieren sie wie selbstverständlich auch die folgenden Überzeugungen. Diese besagen unter anderem, Werte würden:

- die Handlungen der Menschen lenken,
- man könnte bestimmte Werte leben und andere nicht,
- es gäbe eine Wertehierarchie, und
- es gäbe absolute und unveräußerbare Werte.

Das alles, lassen Sie es mich vorausschicken, trifft so nicht zu. Daher erfordert soziale Fitness, diesen Behauptungen und Überzeugungen fundierte Erkenntnisse und Fakten entgegenzuhalten. Das werde ich im Folgenden tun. Dabei werde ich mich bemühen, das Thema möglichst klar und prägnant zu behandeln.

Was ich in diesem Buch darlegen werde

Ich werde darlegen, wieso die obigen Aussagen nicht zutreffend sind und weshalb man sie nicht für bare Münze nehmen darf. Im Einzelnen werde ich zeigen:

- Was Werte nicht tun,
- woraus sich der Bedarf nach Werten ergibt,
- was Werte sind,
- wieso Werte keine Handlungsorientierung vermitteln,
- wieso man bestimmte Werte nicht leben kann,
- worin die Widersprüchlichkeit von Werten besteht,
- dass es keine Wertehierarchie gibt,

- wieso Werte keine verlässliche Identität vermitteln,
- wie man sich geschickt auf Werte beruft,
- wieso man jede beliebige Handlung mit Werten rechtfertigen kann,
- wie man sich hinter Werten verschanzen kann,
- wie man mittels Werten Fehler verschleiert,
- dass man locker von Wert zu Wert hüpft,
- wie man Werte aufbläst,
- wie sich Werte zum Streit und sogar als Waffen nutzen lassen,
- worin der tatsächliche Wert der Werte besteht, und
- wie man sich in Wertediskussionen am besten verhält.

Werte haben ihren Wert - das steht ohne Zweifel fest. Ihre Aufgabe ist allerdings eine andere, als allgemein geglaubt wird.

Begeben wir uns also auf eine spannende und aufschlussreiche kleine Erkenntnisreise.

Was Werte nicht tun

Betrachten wir als erstes die grundlegenden Aussagen darüber, was Werte angeblich sind und was sie angeblich tun. Angeblich baut die Gesellschaft auf Werten auf, und angeblich halten Werte die Gesellschaft zusammen. Aufgrund dieser Eigenschaften würden sie das Grundgerüst unserer Kultur bilden.

Baut die Gesellschaft auf Werten auf?

Die erste Behauptung, die ich prüfen möchte, lautet: Werte bilden das Fundament unserer Gesellschaft. Die Aussage, eine Gesellschaft würde auf Werten aufbauen, ist in fast jedem Wörter- oder Schulbuch zu finden. Doch kann das sein?

Zuerst einmal: Was ist unter Wert und war unter Gesellschaft zu verstehen? Ein Wert, diese allgemeine Definition reicht an diesem Punkt aus, ist zunächst einmal nichts anderes als eine *Vorstellung*. Eine Vorstellung, wie sie sich in Begriffen wie “Gerechtigkeit” oder “Gleichheit” oder “Solidarität” oder “Freiheit” oder “Menschenwürde” etc zeigt.

Was ist unter einer Gesellschaft zu verstehen? Die diesbezüglichen Aussagen bitte ich als Voraussetzungen zu verstehen, es wird mir hier nicht möglich sein, eine komplexe Theorie der Gesellschaft zu skizzieren.

Gemeinhin versteht man unter einer Gesellschaft eine Ansammlung von Individuen. Diese Beschreibung ist allerdings sehr unbefriedigend und nichtssagend. Eine bloße Ansammlung von Individuen wäre bedeutungslos, würden diese nicht fähig sein, miteinander zu interagieren. Erst die Interaktionen, die Handlungen der Individuen, stellen einen Bezug zwischen ihnen her. Was wir als Gesellschaft bezeichnen entsteht aufgrund aufeinander bezogener Handlungen von Individuen. Aufeinander bezogene Handlungen von Menschen, also verbales und nonverbales Verhalten, werden als Kommunikation bezeichnet.

Menschen sprechen miteinander, sie verhalten sich zueinander, sie handeln miteinander, und durch diese Kommunikationsformen nehmen sie Einfluss aufeinander. Das bedeutet: Eine Gesellschaft beruht auf den konkreten Handlungen von Individuen, *sie baut auf Kommunikation auf* - und eben nicht auf Vorstellungen, und damit auch nicht auf Werten. Wer nun meint, die Kommunikation sei ja auch von Werten motiviert, muss sich gleich eines Besseren belehren lassen.

Werte und Handlungen

Werte, so wird jedenfalls geglaubt, geben Handlungsanweisungen vor. Wäre das so, dann müssten Werte bereits vor der Gesellschaft – also: vor dem Handeln der Menschen – dagewesen sein. Schließlich müsste das Handeln auf Werte bezogen sein und sich aus ihnen ergeben, und das ginge eben nur, wenn die Werte vor dem Handeln existiert hätten. Erst die Vorstellung, dann das Handeln - ein wertfreies Handeln wäre unmöglich.

Wie soll man sich das praktisch vorstellen? Haben die Menschen der Urzeit einen Wettstreit der Werte ausgetragen und dann eine Gesellschaft auf den als richtig erkannten Werten gegründet? Wurden Wertediskussionen geführt? Hat es Werteforschung gegeben? Oder hat ein Urkönig die Menschen unter seine Gewalt gebracht und seine mitgebrachten Werte durchgesetzt? Wo hatte er diese her?

Das wirft weitere Fragen auf. Wie sollte man für Werte eingetreten sein, ohne zuvor Handlungen getätigt zu haben? Schließlich musste es ja Möglichkeiten geben, die Brauchbarkeit der angebotenen, diskutierten oder aufgezwungenen Werte zu beurteilen. Dazu hätte man aber handeln und Werte ausprobieren müssen, und das nicht nur einen Tag lang, sondern im gesellschaftlichen Rahmen zumindest einige Generationen lang.

Vielleicht hat Gott die grundlegenden Werte einem Mann namens Moses in Form von Geboten überreicht? Aber wenn es zuvor keine brauchbaren Werte gab, wie konnte Moses Volk bis dahin quasi wertfrei handeln und zurechtkommen, und wie gelang das der übrigen Menschheit über ihre unendlich lang währende Geschichte?

Halten wir fest

Der Wert kann nicht vor der Handlung da gewesen sein. Damit verliert die Gesellschaft ihr angebliches Fundament. Das macht aber nichts, weil dieses Fundament nur ein angebliches ist. Die Gesellschaft baut auf wesentlich existentielleren Kräften auf, als Vorstellungen es sind.

Halten Werte die Gesellschaft zusammen?

Die Gesellschaft entsteht durch Kommunikation. Aber warum kommunizieren Menschen überhaupt miteinander? Aus dem einfachen Grund: weil sie aufeinander angewiesen sind.

Schon ein Säugling braucht andere, um zu überleben. An diesem Aufeinander-Angewiesen-sein ändert sich zeit eines Menschenlebens nichts. Sicherlich wird die Abhängigkeit der Einzelnen voneinander um so verdeckter, je größer eine Gesellschaft ist, je mehr die Arbeitsteilung darin voranschreitet und je unpersönlicher die meisten Beziehungen werden. Aber das ändert nichts daran, dass Menschen nur auf kommunikative Weise für sich selbst sorgen können.

Bedürfnisse

Menschen kommunizieren demnach, um ihre individuellen Bedürfnisse befriedigen zu können. Das können sie nur im Verbund miteinander. Zu ihren Bedürfnissen gehört, um es vorauszuschicken, auch das Bedürfnis nach Liebe. Aufgrund des selbstbezogenen Charakters der Kommunikation betont der Soziologe Günter Dux:

> *"Letzter Zweck im Handeln ist immer der Handelnde selbst."*[1]

Mit anderen Worten: Jeder Organismus ist sich selbst der Nächste. Man kann diese Aussage ruhig wörtlich nehmen. Nichts liegt den Organismen auf dieser Erde so nahe, wie ihr eigenes Funktionieren. Daran ist nichts Verwerfliches, und in Hinsicht auf Selbstbezogenheit macht der Mensch keine Ausnahme. Auch der viel beschworene menschliche Altruismus beruht auf gegenseitiger Abhängigkeit. Der Mensch ist gut zu seinesgleichen, weil und solange er auf andere angewiesen ist. Entweder auf deren Unterstützung oder auf deren Bestätigung oder zumindest darauf, dass sie ihm nicht schaden. Oder eben auf deren Liebe.

Aufgrund dieser Selbstbezogenheit des Individuums ist buchstäblich keine Kommunikation vorstellbar, hinter der nicht die Absicht direkter oder indirekter Bedürfnisbefriedung steht. Dieser Zusammenhang muss dick unterstrichen werden und darf – gerade beim Thema Werte – nicht aus den Augen geraten.

Um den egoistischen Charakter der Kommunikation nachzuvollziehen, darf man menschliche Bedürfnisse allerdings nicht auf rein körperliche Bedürfnisse reduzieren, sondern muss sie wesentlich weiter fassen. Es gibt eine ganze Reihe unverzichtbarer Bedürfnisse.

Die Bedürfnisse hinter der Kommunikation

Körperliche Bedürfnisse, vor allem die Bedürfnisse nach *Nahrung* und *Sexualität,* sind für alle Menschen grundlegend.

Geistige und kulturelle Bedürfnisse sind ebenfalls unverzichtbar.

Liebe. Ähnlich grundlegend sind auch psychische und emotionale Bedürfnisse, wie das nach *Liebe* oder das Verlangen nach *Freundschaft*.

Identität. Ein weiteres Bedürfnis - und diesem kommt im Zusammenhang mit Werten eine besondere Bedeutung zu - ist das nach einer Identität. Eine Identität ist die Vorstellung, die ein Mensch von sich selbst hat. Diese Vorstellung sorgt dafür, dass er sich als eigenständiges Individuum begreift, das über einen Namen verfügt („Ich“) und über eine Beschreibung dessen, wer er ist und wie er sich als dieser zu verhalten hat.

Wer über keine ausreichende Identität verfügte, wer keine befriedigende Vorstellung davon hätte, wer er ist

– ob Christ, Jude, Moslem oder Atheist; ob Mann oder Frau, ob Kind, Jugendlicher oder Greis, ob heterosexuell, homosexuell oder asexuell –, der wüsste sich nicht zu verhalten. Er schwämme orientierungs- und haltlos inmitten einer unendlichen Zahl verschiedenster Verhaltensmöglichkeiten und wäre nicht in der Lage, daraus zu wählen. Er könnte nicht kommunizieren und daher nicht an der Gesellschaft teilnehmen.

Macht. Einen besonderen Rang im Reigen der menschlichen Bedürfnisse nimmt auch die *Macht* ein. Wenn man sich in der Welt umschaut, kann man leicht feststellen, dass es ein immenses Streben nach Macht gibt. Vor allem Politiker und Wirtschaftsbosse, aber bei weitem nicht nur diese, erliegen dem Drang nach Macht. Denn jemand, der über Macht verfügt, kann seine übrigen Bedürfnisse besonders gut erfüllen. Macht dient dem Zweck, eigene Bedürfnisse gegenüber anderen Individuen durchzusetzen. Der Wunsch nach Macht kann aufgrund dieser Tatsache schier grenzenlos sein.

Halten wir soweit fest

Ziel und Zweck der gesellschaftlichen Kommunikation ist in erster Linie die Befriedung körperlicher, emotionaler, psychischer und geistiger Bedürfnisse, und die Befriedung der Bedürfnisse nach Identität und Macht.

Bedürfnisse werden zu Interessen

Mit Blick auf die Bedürfnisbefriedigung erweist sich die Gesellschaft als ein Kommunikationsgebilde, in dem Individuen auf der Grundlage gegenseitiger Abhängigkeit um die Durchsetzung je eigener Bedürfnisse bemüht sind.

Allerdings können Bedürfnisse im weiten gesellschaftlichen Feld nicht ohne Weiteres erfüllt werden. Man muss sie gegenüber anderen Individuen behaupten. Bedürfnisse. Um eigene Bedürfnisse zu erfüllen, ist man gezwungen, sich mit anderen Menschen abzustimmen. Sobald Bedürfnisse in die Kommunikation geraten, werden sie gemeinhin als *Interessen* bezeichnet.

Insofern kann man die Gesellschaft als ein Feld sehen, auf dem es einzig und allein um Interessenvertretung geht.

Das gilt für den kleinen persönlichen Bereich ebenso wie für die großen Bereiche unpersönlicher Beziehungen. Im kleinen persönlichen Bereich schließen sich Individuen zu Familien und Sippen zusammen. Um auf der großen, unpersönlichen Ebene möglichst erfolgreich zu agieren, schließen sich Einzelne zu Interessengruppen zusammen. Wir finden diese Gruppierungen in allen gesellschaftlichen Bereichen: in Wirtschaft, Religion, Politik, im Gesundheitsbereich, Sport, Wissenschaft etc.

All diese Gruppierungen unterscheiden sich in Bezug auf die Motive ihrer Kommunikation nicht von den Individuen – sie sind auf sich selbst bezogen und führen stets eigene Interessen im Sinn.

Halten wir fest

Eine Gesellschaft wird durch die gegenseitige Abhängigkeit der Individuen zusammengehalten. Durch die Notwendigkeit, eigene Interessen zu vertreten, um eigene Bedürfnisse zu befriedigen. Eigene Bedürfnisse nach Nahrung, Liebe, Sinn, Identität etc. können nur im Verbund mit anderen Menschen befriedigt werden. Daher sind nicht Werte, sondern Bedürfnisse und Interessen der Klebstoff der Gesellschaft.

Das Grundgerüst unserer Kultur

Die Gesellschaft, so kann man es frei von Wertung und in aller Lockerheit sagen, ist eine riesige Veranstaltung zur gegenseitigen Manipulation. Also: zur gegenseitigen Beeinflussung. Diese Feststellung ergibt sich allein aus der Beobachtung menschlichen Verhaltens. Menschen versuchen ständig, sich gegenseitig zu manipulieren. Das heißt, sie versuchen, sich gegenseitig zu einem erwünschten Verhalten zu veranlassen.

Darin, beim Gegenüber möglichst verlässlich ein gewünschtes Verhalten zu erzeugen, liegt schließlich der ganze Sinn der Kommunikation.

Man will den anderen zu einer Handlung, einer Äußerung, einem Verhalten motivieren, das einem selbst passt. Denn je zuverlässiger man das Verhalten anderer beeinflussen und festlegen kann, desto leichter lassen sich eigene Interessen durchsetzten und eigene Bedürfnisse befriedigen.

Kommunikation hat das Ziel, andere in die eigene Interessenlage einzubinden. Daran ist nichts Falsches und nichts Schlechtes, es geht nicht anders.

Aber Interessen lassen sich nicht ohne Weiteres durchsetzen. Denn selbstverständlich kennt jeder die Macht anderer und weiß aus Erfahrung, dass man Rücksicht auf die anderen nehmen muss, weil diese ebenfalls ihre Interessen vertreten.

Es ist diese gegenseitige Rücksichtnahme, die ein Grundgerüst unserer Kultur, also unserer bewährten Gebräuche, darstellt.

Wer den Eindruck erweckt, er würde Rücksicht auf die Interessen der anderen nehmen, dessen Chancen wachsen, in der Kommunikation eigene Absichten durchzusetzen und Zustimmung zu seinen Anliegen zu erhalten.

Die Betonung liegt allerdings auf dem *Eindruck* der Rücksichtnahme. Ob tatsächlich Rücksicht genommen wird, ist für Verhandlungen und Einigungen, also für die in der Kommunikation gegenwärtig zu treffenden Entscheidungen, sekundär und stellt sich erst später heraus. Viel wichtiger ist es, andere im Kontakt davon zu überzeugen, man würde Rücksicht auf sie nehmen.

Nun steht die Frage im Raum: Wie erzeugt man den Eindruck, Rücksicht auf andere Beteiligte zu nehmen, ohne tatsächlich allzu viel Rücksicht nehmen zu müssen? Damit kommen die Werte ins Spiel.

Was Werte sind

Ich möchte die grundlegende Frage, die im Raum steht, noch einmal wiederholen: Wie ruft man in der Kommunikation den Eindruck der Rücksichtnahme hervor, wenn es einem vorwiegend um die Durchsetzung eigener Interessen geht, man genau das aber nicht offen zeigen darf, weil man dann durchschaut wird und nicht besonders weit kommt?

> *Der Eindruck der Rücksichtnahme wird am ehesten erzeugt, indem man sich anderen gegenüber auf etwas scheinbar Gemeinsames beruft und hofft, sie auf diese Weise von den eigenen egoistischen Beweggründen abzulenken!*

Die grundlegendste aller Gemeinsamkeiten, auf die man sich berufen kann, ist die von jedem Einzelnen verinnerlichte Vorstellung, der gleichen Gesellschaft anzugehören. Die Vorstellung, in einem gemeinsamen Boot zu sitzen und Teil eines großen Ganzen, eines großen *Wir* zu sein. “Wir sind doch alle Menschen, Europäer, Deutsche, ... ein Volk, eine Kultur. Wir wollen doch alle das Gleiche ... *Gerechtigkeit – Freiheit – soziale Marktwirtschaft – Rechtsstaatlichkeit – Gesundheit – Ehrlichkeit – Verlässlichkeit – Toleranz – Wohlstand – Sicherheit* ... !”

Mit Begriffen wie Gerechtigkeit, Freiheit, Ehrlichkeit usw. sind wir bei den Werten angekommen. Dabei stellt sich heraus: Werte appellieren! Werte sind nicht mehr (aber auch nicht weniger!) als raffinierte Appelle an vermeintliche Gemeinsamkeiten.

Der appellierende Character der Werte lässt sich schon an der Art und Weise erkennen, wie allgemein über Werte gesprochen wird. Werte konstituieren (angeblich) die Gesellschaft; sie bilden (angeblich) ihr Fundament; sie werden (angeblich) von allen Mitgliedern einer Gesellschaft geteilt; auf ihnen beruht (angeblich) die Kultur.

Werte beschwören die Zusammengehörigkeit der Individuen wie kein anderes Kommunikationsmittel. Die Definition des Soziologen Dirk Baecker bringt diesen erstaunlichen Charakter der Werte auf den Punkt. Er sagt schlicht und klar:

> *“Werte sind Gemeinsamkeitsunterstellungen.”*[2]

Allerdings - und das ist wichtig - sind solche Unterstellungen nicht immer nötig. Sie werden nur dann gebraucht, wenn sich die Interessen der Beteiligten unterscheiden. Erst dann ergibt sich ein Bedarf an bestimmten Werten.

Der Bedarf nach Werten

Die Definition von Werten als Gemeinsamkeitsunterstellungen weist exakt auf den Zweck hin, den Werte erfüllen. Sie dienen dazu, in der Auseinandersetzung der Individuen und Gruppen *bei Bedarf* den Eindruck von Gemeinsamkeit herzustellen.

Die Betonung liegt hier auf der Formulierung „bei Bedarf“. Wann ist solch ein Bedarf an vermeintlicher Gemeinsamkeit gegeben? Dirk Baecker führt dazu aus:

> *“Immer dann, wenn man ein Interesse hat, Identität und Handlung des anderen für die eigenen*

Zwecke verlässlich festzulegen (ohne genau das allzu deutlich werden zu lassen), unterstellt man ihm oder ihr Werte, um ihn zu binden."[3]

Damit ermöglicht der Wert ...

"... das Geschäft auch dann, wenn alle Erwartungen unterschiedlich sind. Er stellt keine Gleichwertigkeit her, sondern für den Moment eine Differenz still."[4]

Mit dem „Geschäft" ist die interessengelenkte Kommunikation gemeint, hinter der sich stets unterschiedliche Interessen und Bedürfnisse der Beteiligten verbergen. Der Wert wird nun gebraucht, um die Unterschiede und prinzipielle Unvereinbarkeit dieser Interessen „für den Moment", also für die Kommunikation selbst, nicht aufbrechen zu lassen, sondern diese im Gegenteil möglichst zu verdecken. Der andere soll denken, im gleichen Boot zu sitzen, er soll glauben, man würde die gleichen Interessen vertreten, am gleichen Strang ziehen, das gleiche Ziel verfolgen.

In dieser Vernebelungsaufgabe von Unterschieden besteht das faszinierendste Merkmal und die wesentlichste Aufgabe von Werten. Um diese Aufgabe zu erfüllen, müssen Werte allerdings als unbezweifelbar gelten und dürfen nicht angezweifelt werden. Alle müssen den Wert als etwas scheinbar Höheres betrachten und akzeptieren.

"Die Geltung des Wertes wird vorausgesetzt und hat allein in diesem Modus der Kommunikation ihre täglich erneuerte Unbezweifelbarkeit."[5]

War in den weniger komplexen Gesellschaften früher das Wort Gottes oder das Wort des Königs unbezweifelbar, so ist in den heutigen komplexen und aufgeklärten Gesellschaften der Wert an die Stelle dieser festen Gewissheiten getreten. Nun scheint der Wert eine feste Gewissheit zu sein.

Werte sind unbezweifelbare Vorstellungen

Werte sind über jeden Zweifel erhaben und gelten für alle und für jeden. Jeder ist schließlich für Gerechtigkeit, Freiheit, Gleichheit, Ehrlichkeit, Sicherheit – zumindest solange er sich in der Kommunikation aufhält.

Erläutern wir diese Unbezweifelbarkeit am Wert "Ehrlichkeit" in Liebesbeziehungen. Es ist keine Liebesbeziehung vorstellbar, in der ein Partner erklären würde: „Ich halte Ehrlichkeit für falsch“, während der andere betont: : „Ich lege absoluten Wert auf Ehrlichkeit“. Wer würde sich auf eine solche Beziehung einlassen?

Auf Ehrlichkeit Wert zu legen hat jedoch nicht viel damit zu tun, tatsächlich ehrlich zu sein und sich beispielsweise alles zu erzählen. Ganz im Gegenteil, je mehr man in Beziehungen für sich behält, desto vollständiger lässt sich *der Eindruck* von Ehrlichkeit bewahren, weil ja nur Verbindendes und nichts Trennendes mitgeteilt wird. Zu viel Ehrlichkeit stört in der Liebe, und sie stört in jeder Interessenauseinandersetzung. Auf die Vorstellung der Ehrlichkeit kann dennoch nicht verzichtet werden. Diese Vorstellung liefert der Wert.

Sich auf gemeinsame Werte berufen

Ich habe schon angedeutet, dass es zwei Paar Schuhe sind, sich auf einen Wert zu berufen und danach zu handeln. Aber da der Interessenabgleich grundsätzlich in kommunikativen Situationen stattfindet, muss man Rücksicht vor allem in kommunikativen Situationen nehmen. Dazu beruft man sich auf Werte und nutzt ihre Funktion als Gemeinsamkeitsunterstellungen.

> *Werte kommen daher nicht beim Handeln ins Spiel, sondern lediglich bei der Kommunikation. Dort werden sie gebraucht, dort sind sie unverzichtbar. Beim Handeln stören sie sogar, wie sich noch zeigen wird.*

Könnte eine Gesellschaft ohne unbezweifelbare Gemeinsamkeitsvorstellungen funktionieren? Wohl kaum. Gerade weil eine moderne Gesellschaft so unglaublich komplex ist, und weil die daran Beteiligten so unterschiedliche Interessen vertreten, kann man die Vorstellung, über Gemeinsamkeiten und damit über Verbindendes zu verfügen, nicht daraus wegdenken.

Der eine mag Unternehmer und der andere Arbeiter, der dritte Millionär und der vierte Bettler, der eine mächtig und der andere machtlos sein – um sich zur gleichen Gesellschaft zugehörig zu fühlen, müssen alle Beteiligten Gemeinsames finden, das sie bei allen und trotz aller Differenzen scheinbar miteinander verbindet. Und das sind die Werte. Damit tragen Werte, wie Niklas Luhmann es ausdrückt, dem

> *"... Bedürfnis Rechnung, oberhalb aller Mei-*

nungskontingenzen [dass etwas so, aber auch anders sein kann; M. Mary] noch eine Ebene unverletzlicher Geltung zu wissen."[6]

Diese Ebene unverletzlicher Geltung ist der Wert. Der Wert weist insofern eine geniale kommunikative Eigenschaft auf: Seine Unterstellung gilt für alle, und seine Geltung kann von niemandem ernsthaft bestritten werden.

Daher kann sich jeder zur Rechtfertigung seiner Absichten und Handlungen stets auf Werte berufen.

Eine gesellschaftliche Auseinandersetzung, in der sich beispielsweise einer auf Gerechtigkeit beruft und der andere erklärt, Gerechtigkeit wäre Blödsinn, Ungerechtigkeit wäre viel erstrebenswerter, ist sinnvoll nicht vorstellbar. Ebenso wenig denkbar ist es für jemanden, der den Wert Freiheit betont, mit jemandem auf gesellschaftlicher Ebene zu agieren, der erklärt, Freiheit sei für ihn wertlos. In diesen Fällen gäbe es keine Gesprächsgrundlage, keine Gemeinsamkeit, keine Bereitschaft zum Kontakt, kein gemeinsames Agieren. Es ginge eher in Richtung Feindschaft.

Halten wir fest

- Werte sind nichts weiter als Vorstellungen. Sie sind Vorstellungen einer vermeintlichen Gemeinsamkeit.
- Mit dem Appell an Werte wird versucht, andere zu manipulieren und ihr Verhalten sowie ihre Identität möglichst verlässlich auf eigene Interessen hin auszurichten.

- Wer sich auf Werte beruft, ist nicht etwa ein selbstloser Mensch, sondern einer, der lediglich so erscheinen will. Er beruft sich gerade deshalb auf Werte, um seine eigenen Interessen zu verdecken.
- Ein Werteprophet ist so gesehen ein Wolf im Schafspelz.

Das Beste, das sich bislang über Werte sagen lässt, ist: Mit Werten bleibt man im Gespräch. Das ist allerdings nicht wenig.

Wie Werte tatsächlich wirken

Wer das Thema Werte und ihre Handhabung begreifen will, muss eine Tatsache einsehen und notfalls schlucken: Werte sind Vorstellungen, die in der Kommunikation greifen, aber sie sind keinesfalls Vorlagen für konkrete Handlungen und ein gelebtes Leben. Damit sind Werte genau das *nicht*, was immer und überall von ihnen behauptet wird.

Das entwertet Werte nicht, aber es holt sie aus ihren hehren Höhen und stellt sie auf den Boden gesellschaftlicher Tatsachen. Wer Werte über sich schweben lässt, wird ein leichtes Opfer von denen, die wahre Meister in der Manipulation durch Werte sind. Wer sich in ein Kartenhaus begibt, muss sich nicht wundern, wenn es über ihm zusammenfällt.

Schauen wir uns daher in diesem Kapitel also an, was Werte nicht leisten, was sie tatsächlich bewirken und welche Zwecke sie in Wirklichkeit verfolgen.

Warum Werte keine Handlungsorientierung vermitteln

Es wird allgemein behauptet, Werte würden zu bestimmten Handlungen anleiten. Im Originalton, zitiert aus einer Vorlesungsankündigung der Leibniz Universität Hannover, klingt das so:

> *"Werte sind die „ethischen Imperative", die das Handeln der Menschen leiten, das heißt, sie sind die allgemeinsten Grundprinzipien (kulturell, religiöse, ethische und soziale Leitbilder) für die*

Handlungsorientierung und die Ausführung bestimmter Handlungen."[7]

Der katholische Kardinal Prof. Dr. Dr. Karl Lehmann bläst in das gleiche Horn und geht dabei sogar noch weiter:

> *"Werte sind Leitlinien zur Orientierung des Menschen, die Handlungsziele vorgeben und für die Sinnbildung bedeutsam sind. Sie haben eine Führungsrolle im menschlichen Tun und Lassen inne, wo immer Menschen etwas wünschen oder wichtig finden ..."*[8]

Für die Dozentin und den geistlichen Würdenträger leiten Werte Handlungen an oder legen sogar Handlungsziele fest. Diese Idee erscheint eigentlich naiv, ist aber in Wirklichkeit raffiniert. Denn wer glaubt, Werte würden bestimmte Handlungen nach sich ziehen, lässt sich leicht zu bestimmten Verhaltensweisen verführen, wenn er sich erst einmal auf einen Wert verpflichtet hat oder darauf verpflichten lässt.

Doch die Behauptung vom Wert als einer Handlungsorientierung lässt sich durch einfache Beobachtung widerlegen. Wenn es stimmen würde, dass Werte bestimmte Handlungen vorgäben, wäre es vor dem Hintergrund bestimmter Werte unmöglich, andere, diesen Werten widersprechende Handlungen durchzuführen.

Beispielsweise wäre es für einen christlichen Priester – also für jemanden, der Frieden auf Erden und in den Herzen verkündet und sich der Liebe zu den Menschen verpflichtet fühlt – unmöglich, Panzer und Waffen zu segnen. Wie verträgt sich das mit dem hohen Wert der

Nächstenliebe, ganz zu schweigen von dem Wert der Feindesliebe? Ebenso unmöglich wäre es christlichen Priestern, Kinder sexuell zu missbrauchen, was bekanntlich weltweit geschieht. Und wie könnten Geschäftsleute vor dem Hintergrund des auch von ihnen hochgehaltenen Wertes der Menschlichkeit die Obdachlosen, die im kalten Wintern nachts vor ihren Geschäften übernachten, durch Ordnungskräfte entfernen lassen? Unmöglich wäre es auch, im Namen der Menschlichkeit Verbrecher hinzurichten oder im Namen der Rechtsstaatlichkeit Menschen jahrelang ohne jedes Recht und jeden Kontakt zur Außenwelt einzusperren, wie es in Guantánamo und den zahlreichen, über die Welt verstreuten Geheimgefängnissen, geschieht. Wie könnten Menschen vor dem Hintergrund der Menschenwürde einander foltern und ermorden? Unmöglich wäre es unter Berufung auf den Wert der Menschlichkeit auch, an der Börse an Lebensmittelspekulationen teilzunehmen. Und so weiter und so fort.

Nun könnte man einwenden, Menschen seien eben nur Menschen, und leider würden sie in ihren Handlungen auch gegen Werte verstoßen. Dann aber müsste man erklären, *auf welchen Werten dann unerwünschte Handlungen beruhen*. Denn wenn Handlungen auf Werte zurückgehen, gibt es keine wertfreien Handlungen und deshalb für jede Handlung einen Wert. Worauf beruhen die geschilderten Grausamkeiten? Auf dem Wert der Unmenschlichkeit? Dem Wert der Unchristlichkeit? Dem Wert der Ungerechtigkeit? Das ergibt keinen Sinn.

Es macht auch wenig Sinn zu behaupten, Menschen könnten ihre Werte vorübergehend vergessen oder aus dem Auge verlieren. Dann müssten sie in solchen Momenten schlicht handlungsunfähig werden, was ja offensichtlich nicht der Fall ist. So bleibt es dabei: Ein Wert leitet die Handlungen der Menschen weder an noch legt er sie fest. Es sind und bleiben Interessen, die zu Handlungen motivieren.

Dazu ein kleines Beispiel aus dem wahren Leben, das die Werte Solidarität und Rücksichtnahme betrifft. Am Ende eines Urlaubs, den ich auf den Kanaren verbrachte, konnte ein Bus, besetzt mit rund vierzig entspannten und erholten Urlaubern, aufgrund eines Steinschlages nicht zum Flugplatz gelangen. Die Steinbrocken versperrten ihm die Straße. Personenwagen war es jedoch möglich, den Engpass zu passieren. Das Problem bestand allerdings darin, dass kaum ein PKW vorbeifuhr. Je näher der Abflugtermin rückte, desto nervöser wurden die Leute. Nach dreißig Minuten war eine regelrechte Schlacht um die wenigen Plätze entbrannt, die von Autofahrern zur Verfügung gestellt wurden. Vordergründig zivilisierte Menschen drückten sich gegenseitig weg, blockierten Autotüren, um Platz für die Ehefrau zu sichern, zwei Leute wurden aus Autos herausgezerrt, ein Mann stürzte, ein Koffer riss auf, zwei Männer drohten sich Prügel an.

Von welchen Werten wurden die Handlungen dieser Menschen geleitet, wenn es offensichtlich nicht Rücksichtnahme und Solidarität waren? Etwa von dem Wert der Pünktlichkeit? Das wird ja keiner ernsthaft behaupten wollen. Sie wurden von ihren eigenen Interessen gelenkt; und wie unbedeutend diese im Einzelfall auch sein mochten, jeder war sicher, dass sein Anliegen das Wichtigste war. Jeder war sich selbst der Nächste. Und warum machten einige beim dem Kleinkrieg nicht mit?

Verfolgten sie die wahren Werte? Wohl kaum. Sie hielten vielmehr an ihrer Identität fest, also an dem Bedürfnis, jemand bestimmtes zu sein. Jemand, der so etwas nicht mitmacht.

Wohl gemerkt: Es ging um nichts Notwendiges. Was aber geschieht mit unseren schönen Wertvorstellungen, wenn es tatsächlich um etwas Existenzielles geht, gar um Leben und Tod? Dann werden sie schlicht und einfach ignoriert.

Warum man bestimmte Werte nicht leben kann

Werte sind Gemeinsamkeitsunterstellungen, und sie erfüllen ihre Aufgabe in der Kommunikation – aber können Einzelne oder eine Gesellschaft die Werte leben, die sie für sich beanspruchen?

Auf der Ebene der individuellen Identität (der Vorstellung von sich selbst) und der gesellschaftlichen Identität (der Vorstellung von der Gesellschaft) sind Menschen zutiefst überzeugt, von bestimmten Werten geleitet zu sein. Doch aufgrund der bisherigen Darstellungen muss bezweifelt werden, dass Vorstellungen die Möglichkeit bergen, ein Leben oder die Gesellschaft nach ihnen auszurichten.

Betrachtet man das tägliche Handeln und seine Ergebnisse, wird das deutlich. So wird beispielsweise behauptet, wir würden in einer freien und gerechten Gesellschaft leben. Hier wäre jedes Leben gleich viel wert, vor dem Gesetz wären die Menschen gleich, Leistung würde gerecht belohnt, es bestünde Chancengleichheit und so weiter.

Schauen wir uns das etwas näher an. Wie steht es beispielsweise um den Wert des Lebens? Ist das Leben jedes Menschen in unserer Gesellschaft tatsächlich gleich viel wert? Wenn man sich in Arztpraxen und Krankenhäusern umblickt, kann man das nicht unterschreiben. Wer privat versichert ist, der wird wesentlich schneller und besser behandelt, und wer das Geld hat, sich ein Organ auf dem internationalen Organmarkt zu kaufen, der lebt länger. Es ist durchaus kein Zufall, dass reiche Menschen in diesem Land eine um mehr als sieben (!) Jahre längere Lebenszeit genießen als arme.

Wie steht es um die rechtliche Gleichstellung? Auch vor dem Gesetzt sind diejenigen gleicher, die sich den Gang durch die kostspieligen gerichtlichen Institutionen einschließlich sündhaft teurer Rechtsgutachten und erstklassiger Rechtsanwälte leisten können. Schon die Zugehörigkeit zu bestimmten gesellschaftlichen Klassen spielt eine wichtige Rolle, wie sich am Beispiel Uli Hönes zeigt.

Wie ist es um die soziale Gerechtigkeit bestellt? Wird in unserer Gesellschaft tatsächlich leistungsgerecht entlohnt? Dann hätte Boris Becker das Hundertfache eines fünffachen Olympiasiegers im Skilanglauf geleistet. Und warum sitzt bis heute kein Banker im Gefängnis, selbst wenn er Milliarden in den Sand gesetzt hat und an illegalen Währungsmanipulationen teilnahm, während ein Ladendieb schnell hinter Gittern landet?

Der Abstand zwischen den Topmanagergehältern und den unteren Einkommen beträgt heute 1:1.500 gegenüber 1:250 vor dreißig Jahren. Offenbar leisten heutige Topmanager das Sechsfache ihrer Vorgänger. Der wirkliche Gewinner des damaligen Verkaufes von Chrysler war der Topmanager, der nach Schätzungen für die Vernichtung von bis zu 100 Milliarden Euro an entgangenen Gewinnen und verlorenen Aktienkapital verantwortlich sein soll, der ehemalige Vorstandsvorsitzende. Dessen Aktienoptionen waren aufgrund eines gestiegenen Kurses ein Vielfaches wert. Auch der VW-Chef ging trotz Abgasaffäre mit unzähligen Millionen nach Hause.

Gibt es dann wenigstens eine Chancengleichheit für unsere Kinder? Nein, denn lediglich 7 Prozent der Studierenden an deutschen Universitäten stammen aus der Unterschicht, und ein Arbeiterkind hat hierzulande eine sechsmal geringere Chance, auf ein Gymnasium zu gelangen wie ein Akademikerkind. Von den Kinder der Immigranten ganz zu schweigen. Ein Kind der Oberschicht hat bis zur Schule 50 Millionen Wörter gehört. Im gleichen Zeitraum muss ein Kind der Unterschicht mit 20 Millionen Wörtern auskommen. Eine besondere Förderung kommt diesen Kinder dennoch nicht zugute.

Und wie steht es um die hohen kulturellen Werte Toleranz und Ehrlichkeit? Werden wenigstens diese gelebt? Ein Kommentar hierzu erübrigt sich angesichts der oft geduldeten Übergriffe gegen Ausländer, der verbreiteten Steuerehrlichkeit der Bürger, der Wahrheitsliebe der Amtsträger und der auch bei uns enormen Verbreitung der Korruption.

Wie ist es um die ethische Verpflichtung der Unternehmen bestellt? Heute ist es auch für Unternehmen angebracht, sich in der Öffentlichkeit – und das heißt: in der Kommunikation – auf „ethische Grundsätze“ und

„allgemeinverbindliche Werte“ zu berufen. Nicht nur Facebook will die Welt verbessern. Das hindert Firmen aber nicht daran, ihre Interessen fern jeder Rücksichtnahme auf Menschenleben zu verfolgen. Beispielsweise verfügen die Firmen Chiron und Hoffmann-LaRoche:

> *“... über Patente, die für die Untersuchung von Blutkonserven auf Aids eine wichtige Voraussetzung darstellen. Früher kostete diese Untersuchung 70 Cent. Durch die Patentierung kostet sie jetzt vier Mal so viel! Das bedeutet, die Schere zwischen Arm und Reich im Gesundheitswesen wird immer größer.”*[2]

Die Verteuerung der Untersuchung bedeutet darüber hinaus, dass unzählige Menschen in der Dritten Welt, die sich die teure Untersuchung nicht leisten können, von ihrer Infektion nichts erfahren werden und andere anstecken. Das wiederum bedeutet: unzählige Tote.

Aber um den Wert des Lebens scheint es überhaupt schlecht bestellt. Alle fünf Sekunden stirbt weltweit ein Kind an Hunger, während alle Industriestaaten in großem Stil Lebensmittel wegwerfen und gleichzeitig ihre Entwicklungshilfe herunterfahren. Unsere Nächstenliebe, die wir vor uns selbst so hochhalten, scheint im täglichen Leben nicht besonders tief verankert zu sein.

Wo man sich in der gesellschaftlichen Realität auch umschaut: stets stellt man fest, dass Werte keineswegs angewendet werden, um das Leben zu strukturieren und Handlungsziele vorzugeben. Man benötigt sie in erster Linie für Auseinandersetzungen, die der eigenen Interessenvertretung dienen. Was hingegen wirklich zählt, ist die Durchsetzung eigener Bedürfnisse.

Warum Werte immer widersprüchlich sind

Es dürfte nachvollziehbar geworden sein, dass Handlungen auf keinen Fall von Werten angeleitet oder sogar festgelegt werden. Das wäre auch ganz und gar unpraktisch und lebensfremd, weil nämlich sämtliche Werte aus Sicht des Handelnden im Widerspruch zueinander stehen.

Schauen wir uns diese Widersprüchlichkeit an, indem wir plakativ schildern, was geschieht, wenn man sein Verhalten auf einen ganz bestimmten Wert festlegen möchte.

Nehmen wir als Beispiel die Kindererziehung. Man schickt seine Kinder auf eine Schule, damit sie dort zu *Freiheit* und *Selbstbestimmung* herangezogen werden. Aber durch die autoritäre Weisung: „Du gehst zur Schule", die notfalls mit Ordnungsamt und Polizeikraft durchgesetzt wird, verstößt man automatisch gegen *Freiheit* und *Selbstbestimmung*. Man lässt den Kindern schließlich keine Wahl und zwingt sie zum Schulbesuch. Diesen Verstoß gegen die eigenen Freiheitswerte muss man nun mit anderen Werten, nehmen wir den Wert *Verantwortung* und den Wert der *Bildung*, rechtfertigen. Schließlich will man ja, dass die Kinder sich im späteren Leben zurechtzufinden.

Schlucken wir diese Kröte, und nehmen wir an, man habe zwei Kinder. Diese wird man auf der Grundlage der *Gleichheit* behandeln, dessen ist man sich absolut sicher, weil das gerade gegenüber Kindern ein hoher Wert ist. Da eines der beiden Kind aber weniger hell im Kopf ist als das andere, bekommt es Nachhilfeunterricht. Damit verstößt man gegen das selbst auferlegte

Gebot der Gleichbehandlung und rechtfertigt das mit dem Hinweise auf *Chancengleichheit*, schließlich muss man die ungleiche Verteilung der Begabungen aufheben.

Als nächstes erhält das Kind, das von beiden die besten Noten vorweisen kann, eine Belohnung, beispielsweise ein Lächeln, ein gutes Wort oder eine Taschengelderhöhung. Damit fördert man die *Leistung*, verhält sich aber ungerecht, schließlich ist das andere Kind nicht absichtlich dümmer, und es hätte auch gern eine Belohnung für seine Anstrengungen. Zusätzlich stachelt man die Kinder durch das Belohnungssystem zur *Konkurrenz* an und untergräbt damit die *Solidarität* unter Geschwistern. Alsdann stellt man zu allem Überdruss noch fest, das eine Kind mehr zu mögen als das andere, was der *bedingungslosen Liebe* widerspricht, die man gerade für die eigenen Kinder zu empfinden glaubt.

Wie man sieht, ist es schon in der Familie unmöglich, sein Verhalten auf bestimmte Werte festzulegen oder an diesen auszurichten. Nicht anders verhält es sich im gesellschaftlichen Bereich. Wenn die Gesellschaft sich beispielsweise auf *Freiheit* festlegt, gewinnen die Starken, und die Schwachen verlieren, was gegen die *Solidarität* verstößt. Jede gesetzliche Regelung, die dann zur Wahrung der *Solidarität* eingeführt wird, schränkt die *Freiheit* ein. Solchermaßen erzwungene Solidarität richtet sich nun gegen den Wert der *Selbstverantwortung*. Baut man dann mehr auf *Selbstverantwortung*, wird man automatisch *ungerecht*. Und so weiter und so fort.

Was immer Einzelne oder die Gesellschaft tun: Wer

handelt, der handelt unvermeidlich in verschiedenen Sinnzusammenhängen und Lebensbereichen und gerät damit automatisch in Wertkonflikte. Der Soziologe Niklas Luhmann drückt dieses Dilemma wie folgt aus:

> *"... und dass es sich [bei Werten] um eine Paradoxie handelt, wird erst klar, wenn man sieht, dass das Vorzuziehende gar nicht vorzuziehen ist, weil dies auf Kosten anderer Werte gehen würde."*[10]

Man kann einem bestimmten Wert nur auf Kosten von anderen Werten den Vorzug geben. Wer sich auf einen Wert festlegt, verstößt unausweichlich gegen den nächsten. Was in einem gesellschaftlichen Bereich wertvoll ist, beispielsweise in der Gesundheit, ist im nächsten Bereich sinnlos oder kontraproduktiv, beispielsweise in der Wirtschaft. Deshalb können wir gegenwärtig dabei zusehen, wie medizinische Leistungen für alte Menschen rationiert werden, obwohl das Leben aller Menschen angeblich gleich viel wert ist. Und was fängt man mit dem Wert der Nächstenliebe auf dem Börsenparkett an?

Die Widersprüchlichkeit der Werte ergibt sich daraus, dass einem Wert in jedem gesellschaftlichen Bereich eine andere Bedeutung zukommt. Man kann sich vorstellen und konnte es in der Vergangenheit beobachten, was beispielsweise ein allseits geforderter Wert wie *Ehrlichkeit* im Politiksystem auszulösen in der Lage ist.

Der ungarische Regierungschef hatte vor einigen Jahren in einer internen Parteisitzung zugegeben, dass sämtliche Versprechen, die er vor seiner Wahl abgegeben hatte, erlogen waren. Eine Tonbandaufnahme dieses ehrlichen Geständnisses gelangte in die Öffentlichkeit, woraufhin in Budapest Unruhen ausbrachen und der Rücktritt des Mannes gefordert wurde. Die Menschen empörten sich allerdings nicht darüber, dass in der Politik gelogen wird. Das wissen und akzeptieren sie offenbar. Sie sind vielmehr empört, dass jemand das öffentlich zugibt, statt den schönen Schein zu wahren.

Das Beispiel zeigt: Ein Wert mag in einem gesellschaftlichen Subsystem unter bestimmten Umständen zu etwas zu gebrauchen sein, in einem anderen gesellschaftlichen Bereich wirkt er dagegen verheerend. Deshalb kann sich niemand wirklich auf Werte festlegen. Die Wirtschaft braucht Freiheit, um sich entwickeln zu können, aber genau diese Freiheit muss kartellrechtlich eingeschränkt werden, damit die Leute vor allzu krasser Ausbeutung geschützt sind. Kaum zu gebrauchen ist der Wert der Toleranz im Strafvollzug. Und wie sieht es mit dem Wert der Freiheit in Liebesbeziehungen aus?

Aus dem Dilemma der Widersprüchlichkeit von Werten gibt es kein Entkommen. Da hilft auch keine Wertehierachie.

Wieso es keine Wertehierarchie gibt

Die Widersprüchlichkeit der Werte leuchtet auch den Werteprophеten ein. Um die Illusion der aus Werten bezogenen, notwendigen Handlung dennoch zu erhalten, wird Kritikern entgegnet, Werte nähmen in jeder Kultur eine hierarchische Ordnung ein. Bestimmte Werte wären wichtiger als andere, sie stünden über diesen. Im Falle eines Wertekonfliktes müsste man sich deshalb an den nächsthöheren Wert halten und damit leider gegen die rangniedrigeren Werte verstoßen. Das sei aber in jedem Fall das kleinere Übel.

Das hört sich gut an, ist aber bestenfalls Unsinn. Wenn man diese Idee durchdenkt, gelangt man recht schnell an die Spitze der so genannten unverzichtbaren Werte, sozusagen auf den Olymp der Werte. Dort oben thront einsam und erhaben: die Menschenwürde. Gegen diesen angeblich höchsten Wert darf unter keinen Umständen verstoßen werden, wenn etwas an dem Konstrukt der Wertehierarchie dran sein soll.

Wenden wir uns vom schönen Schein ab und werfen wir einen Blick ins Leben. Wie kann man mit Hinweis auf den angeblich höchsten Wert der Menschenwürde beispielsweise die vielen Kriege erklären? Wie den Kampf ums Öl? Wie steht es um die Menschenwürde in den Gefängnissen und Elendsvierteln dieser Welt? Wie sieht es mit dem Ausschlachten von Hingerichteten in China aus, deren Organe gut zahlenden, meist aus dem Westen stammenden Kunden, eingepflanzt werden? Wie gelingt es unter dem Aspekt der Menschenwürde, beim Abschlachten der syrischen Bevölkerung zuzusehen? Warum musste man gerade die Iraker vor ihrem Diktator retten und andere Nationen nicht? Haben Iraker mehr Anrecht auf Menschenwürde als Afrikaner oder Tibeter? Wie verträgt es sich mit der Menschenwürde, dass täglich 28.000 Menschen verhungern, obwohl die moderne Landwirtschaft nach Angaben der Vereinten Nationen zwölf Milliarden Menschen ernähren könnte? Entspricht Spekulation mit Lebensmitteln der Menschenwürde?

Sicherlich kann man die tagtäglichen Verstöße gegen

die Menschenwürde mit dem Hinweis auf andere Werte rechtfertigen, indem man sich beispielsweise auf Eigenverantwortung und auf ein Sicherheitsbedürfnis beruft. Aber damit kippt die schöne Theorie der Wertehierarchie.

Auch im privaten Rahmen kann man die Idee einer Wertehierarchie vergessen. So schreibt beispielsweise ein NLP-Trainer:

> *"Eine klare Wertehierarchie ist die Voraussetzung für die Fähigkeit, schnell „gute" Entscheidungen treffen zu können. Geht es beispielsweise um die Frage, ob ich am Freitag zwei Überstunden machen soll, so muss ich abwägen, ob mir das Mehr an Geld und die Zufriedenheit meines Chefs wichtiger ist, als Zeit für mich oder meine Familie zu haben."* [11]

Hier wird der Wert der Familie hochgehalten. Macht das Sinn? Wohl nur, wenn der Chef auf einen angewiesen ist, weil er dringend Personal braucht. Ist man dagegen auf den Chef angewiesen, beispielsweise, weil in der Firma bald 200 Personen freigesetzt werden, empfiehlt es sich, die Überstunden erst einmal zu akzeptieren. Wozu soll hier eine Wertehierarchie taugen? Was wirklich entscheidet ist nicht der Wert, sondern das jeweilige Bedürfnis auf dem Hintergrund einer konkreten Situation, die darüber bestimmt, ob sich Interessen durchsetzen lassen oder nicht. So kann, wer an eine Wertehierarchie glaubt und daran festhält, womöglich schnell seinen Job und sein Gehalt verlieren, was für die Familie unter Umständen katastrophal sein kann.

Werte befinden sich ständig im Konflikt miteinander,

und die Konstruktion einer Wertehierarchie löst das Problem der Wertekonflikte ganz offensichtlich nicht. Aufgrund seiner Forschungen kommt der bekannte Soziologe Niklas Luhmann zu dem eindeutigen Schluss:

> *"Werte enthalten keine Regel für den Fall des Konfliktes zwischen Werten. Es gibt ... keine transitive oder hierarchische Ordnung der Werte."*[12]

Man sollte sich daher besser nicht auf eine Wertehierarchie festlegen und auf keinen Fall von Anderen darauf festlegen lassen. Sonst bricht das Kartenhaus der Werte über einem zusammen.

Wieso Werte keine verlässliche Identität vermitteln

Verbreitet und allgemein akzeptiert ist auch die Aussage, Werte würden dem Menschen eine feste und verlässliche Identität verschaffen. Sie würden dem Menschen sagen, wer er ist und wie er sich als dieser zu verhalten hat.

Doch kann das stimmen? Wenn das der Fall wäre, gäbe es keine Doppelmoral, keine Kriminalität, keine Verbrechen – oder aber es gäbe jede Menge Verrückte. Sie würden verrückt, weil sie sich in einer festen Identität geborgen fühlen, aber gleichzeitig wahrnehmen müssten, dass sie ständig dagegen handeln, also jemand anderes sind, als sie zu sein glauben.

Eine Identität ist die Vorstellung, die sich ein Mensch von sich selbst macht; und Werte sind ebenfalls Vorstellungen, nämlich von einer vermeintlichen Gemeinsamkeit. Auf der Ebene der Vorstellungen passen Werte und Identität deshalb gut zusammen.

Aber keineswegs auf der Ebene des realen Handelns. Ansonsten müsste eine Handlung, die gegen einen bestimmten Wert verstößt, automatisch auch die Identität eines Menschen zerstören. Ein Ehepartner, der untreu war, könnte sich nicht mehr als treuer Ehepartner verstehen, und ein Dieb sich nicht mehr als Teil der Gesellschaft begreifen. Und der Soldat, der mordet, müsste aufhören, sich als menschlich zu empfinden.

Wer gegen die Werte verstößt, auf denen seine Identität angeblich beruht, müsste diese Identität augenblicklich verlieren. Die Bezeichnung für einen solchen Identitätsverlust lautet: Verrücktheit.

In unserer Gesellschaft laufen angesicht der Tatsache, dass alle Menschen beständig gegen jeden denkbaren Wert verstoßen, an den sie sich gebunden glauben, allerdings recht wenige Verrückte herum. Das liegt ganz einfach daran, dass man an einen Wert nur glaubt, solange man ihn braucht, und – daran sei wieder und wieder erinnert – man braucht ihn in der Kommunikation, aber nicht als Verhaltensgrundlage. Man braucht ihn für die Kommunikation mit anderen, um denen weiszumachen, wer man ist, und man braucht sie für die Kommunikation mit sich selbst, um sich weiszumachen, wer man ist. Das bedeutet:

> *Werte und Identität gehen keine feste Verbindung miteinander ein, sie sind sogar nur äußerst lose aneinander gekoppelt.*

Es wäre auch ganz und gar lebensuntauglich, wenn

Werte und Identität fest aneinander gekoppelt wären. Es hätte zur Konsequenz, dass man sich in den verschiedenen gesellschaftlichen Bereichen stets gleich - und damit starr - verhalten müsste. Allerdings kann man sich in der Wirtschaft nicht wie in der Religion, in der Politik nicht wie beim Militär etc. verhalten. Mit Wohltätigkeit kommt man vielleicht im Sozialbereich weiter, aber nicht im Handel.

Identität als eine Vorstellung von sich selbst beinhaltet sicherlich auch die Vorstellung, das eigene Handeln würde von Werten bestimmt, und man gewinne aus Werten eine feste und verlässliche Identität. Aber wie flexibel die Identität mit ihrer angeblichen festen Wertbindung tatsächlich umgeht, kann man im Alltag immer wieder neu beobachten. Gegen einen Wert zu verstoßen mag jemanden verunsichern und seine schön polierte Identität beschatten, aber auflösen kann es diese nicht. Insofern entspricht die lose Kopplung von Wert und Verhalten der Widersprüchlichkeit von Werten. Als Beispiel:

> Der Deutsch-Türke Murat Kurnaz war in dem völkerrechtswidrigen Gefängnis Guantánamo knapp fünf Jahre unschuldig in einen Käfig gesperrt. Er wurde Tag und Nacht grellem Neonlicht ausgesetzt und gefoltert. Beim Rücktransport von Kuba nach Deutschland war er, von fünfzehn Soldaten bewacht, an Händen und Füßen gefesselt mit verbundenen Augen auf den Boden liegend, angekettet. Bei seiner Übergabe an die deutschen Behörden wurde seitens der USA die Bedingung gestellt, ihn menschlich zu behandeln.[13] Was soviel bedeutet, dass das offensichtlich unmenschli-

che Verhalten der US-Soldaten und Behörden die Vorstellung, menschlich zu sein, nicht angriff.

Wenn man den Werten unbedingt eine Bedeutung für die persönliche Identität zuweisen will, sollte man besser den Begriff der Wert*vorstellung* benutzen. Die Vorstellung, Werten zu folgen, mag den erwünschten Halt geben, aber man braucht diese schöne Idee – wie beschrieben – selbst dann nicht aufzugeben, wenn man sich konträr dazu verhält.

Der Wert nimmt insofern für die Identität des Einzelnen die gleiche Form an, die er in der Kommunikation trägt: die Form des Appells. Nur handelt es sich bezogen auf die eigene Identität um einen Selbst-Appell.

Dass man sich an einen Selbstappell ebenso wenig halten muss, wie an einen Fremdappell, leuchtet ein. Notfalls ignoriert man einen Werteverstoß oder deutet ihn um. Auf diese Weise kann selbst die krudeste Handlungsrealität der Vorstellung, von edlen Werten geleitet zu sein, kaum etwas anhaben.

Wie man sich geschickt auf Werte beruft

Für jemand, der Werte bestimmungsgemäß – und das heißt: zum verborgenen Zweck der Manipulation – gebrauchen will, empfiehlt es sich, sie zwar in der Kommunikation anzuwenden, zugleich aber ihren Gebrauch zu verschleiern.

Warum? Weil, wie der Soziologe Dirk Baecker im angehängten Interview erläutert, die Beobachtung zeigt, dass es leichter ist, für einen stillschweigend unterstellten Wert Zustimmung zu erhalten als für einen ausgesprochenen. Ein Meister im Gebrauch von Werten benennt diese deshalb nicht deutlich, sondern nimmt unausgesprochen Bezug darauf.

Werte zitieren

Der Fachbegriff für dieses dezente Vorgehen lautet Zitieren. Wie werden Werte zitiert? Indem man sie in harmlosen Aussagen versteckt. Man sagt beispielsweise: „Den armen Menschen muss geholfen werden“ statt: „Wir brauchen mehr Gerechtigkeit.“ Oder man sagt beispielsweise: „Wir sind es uns doch schuldig, hier etwas zu tun“ statt: „Hier ist Solidarität gefordert.“ Oder man sagt beispielsweise: „Es wäre doch erstrebenswert, alle wichtigen Informationen zu erhalten“ und nicht: „Wir brauchen mehr Ehrlichkeit.“ Man sagt beispielsweise: „Partner sollten keine Geheimnisse haben“ und nicht: „Hier ist Offenheit gefordert.“

Ein Wertezitat ist demnach eine Anspielung auf einen Wert. Warum aber wirkt das indirekte Vorgehen effektiver als die offene Aussprache? Weil ein ausgesprochener Wert weit eher Widerspruch provoziert. Benennt man einen Wert direkt, fordert man beispielsweise Gerechtigkeit, lädt man andere geradezu ein, ihrerseits einen Wert hervorzuholen und dem genannten entgegenzuhalten. Gerechtigkeit ja – heißt es dann, aber die Freiheit darf nicht eingeschränkt werden. Fordert man mehr Arbeitsamkeit, heißt es: Fleiß ja – aber nicht auf Kosten der Gesundheit. Fordert man mehr Unterstützung, heißt es: Auf jeden Fall – aber nicht auf Kosten der Eigenverantwortung. Auf diese Weise landet man so in einer jener wunderbar nichtssagenden Abwägungsdiskussionen, in der beispielsweise Freiheit gegenüber Solidarität, Respekt gegenüber Selbstverwirklichung, Treue gegenüber Lebendigkeit und alles gegenüber jedem ohne jede Aussicht auf Klarheit abgewogen wird.

Mit anderen Worten: Werte direkt anzusprechen fordert zum Streit über sie auf. Deshalb stellt überall dort, wo Zustimmung erreicht werden soll, das indirekte Zitat eines Wertes die bessere Möglichkeit des Umgangs dar. Man lässt die Katze im Sack und legt den Wert nicht auf den Tisch, sondern versucht, ihn dem anderen unbemerkt in die Tasche zu schieben.

Darüber hinaus stellt man sich selbst durch das indirekte Zitat als an Werte gebunden dar – sozusagen als ein Gutmensch, und kann andere in der Folge mit größerer Wahrscheinlichkeit an diesen nicht explizit benannten Wert binden. Beispielweise in der folgenden Art:

- „Wenn junge Menschen ohne moralischen und rechtlichen Rahmen ein Kind bekommen, ist das sicherlich nicht besonders gut.“ (Hier wird auf den Wert der sexuellen Enthaltsamkeit vor der Ehe angespielt.)

- „Wer fremdgeht sollte sich klar machen, dass er die Liebe zerstört.“ (Hier wird der Wert der sexuellen Treue zitiert.)

- „Es ist nicht gut, wenn jeder nur an seinen eigenen Vorteil denkt und durch Schwarzarbeit Steuern hinterzieht.“ (Hier wird auf den Wert des Gemeinwohls Bezug genommen.)

Hinter jedem zitierten Wert stecken selbstverständlich

massive materielle oder immaterielle Interessen und keinesfalls allgemeine Wahrheiten. Denn selbstverständlich garantiert auch der moralische und rechtliche Rahmen der Ehe kein größeres Glück, als es den Kinder unverheirateter Paare vergönnt ist – das haben soziologische Untersuchungen längst erwiesen. Und natürlich kann das sexuelle Treuegebot ebenso zum Ende einer Beziehung führen wie das Fremdgehen, was die Trennungsstatistiken hinreichend belegen. Und ebenso gibt es vor allem für Reiche wesentlich mehr legale Möglichkeiten der Steuerhinterziehung, als sich für Arme illegale Schlupflöcher zur Steuerersparnis auftun. Aber all das ist nicht wichtig.

Wichtig ist allein, dass der jeweilige Wert unausgesprochen aufgerufen wird und es dadurch schwerer ist, ihn mit einem anderen Wert zu parieren. Man ist leichter versucht, zuzustimmen und bemerkt nicht, sich an die Interessen anderer angepasst zu haben.

Wieso man beliebige Handlungen mit Werten rechtfertigen kann

Ist ein Wert zitiert oder beruft sich jemand geschickt auf einen Wert, und wird nicht mit einem anderen Wert dagegen gehalten, kann man davon ausgehen, eine gewisse Akzeptanz für den vorgetragenen, vermeintlich hehren Standpunkt, gewonnen zu haben.

Beispielsweise beschwört jemand überzeugend: „Es ist eine grundsätzliche Frage des Umgangs, und ich glaube, da liegt in unserer Gesellschaft vieles im Argen. Lehrer müssen sich schlagen lassen, Kinder greifen straffrei in Ladenkassen, Ausländer halten es nicht für nötig, unsere Sprache zu lernen. Wir haben es versäumt ... auf den respektvollen Umgang miteinander zu achten."

Aufmerksames Zuhören, bedächtiges Kopfnicken – man soll in gedämpfte oder offene Euphorie verfallen und dem hier zitierten Wert der Sicherheit zustimmen: „Jawohl, der Mensch hat Recht, es muss sich etwas im Umgang miteinander ändern, wir brauchen mehr Respekt" –, und schon ist man auf dem besten Weg, die Unschuld zu verlieren, das heißt, hereinzufallen. Denn jetzt ist man reif und der richtige Zeitpunkt für den Versuch, Interessen durchzusetzen, ist gekommen: „ ... und deshalb müssen wir die Strafgesetze verschärfen!"

Kurzes Innehalten, heftiges Kopfnicken, begeisterte Zustimmung: Ja, so soll es sein! Uns wird wohl tatsächlich nichts anderes übrig bleiben, um *die Sicherheit* in der Gesellschaft wieder herzustellen: Wir müssen die Gesetze strenger fassen – und dann ist es passiert. Die Unschuld ist zum Teufel. Man ist hereingefallen.

> *Der Wereprediger ist unmerklich vom Hohen Lied des Wertes zur vermeintlich zwingenden Handlungskonsequenz übergegangen und hat den Wertegläubigen damit geschickt übertölpelt.*

Es gibt weltweit keinen Beleg, dass schlichte Verschärfung von Strafgesetzen die Sicherheit und den Respekt in der Gesellschaft fördert. Nicht einmal die Todesstrafe ist dazu in der Lage, sie hat sogar gegenteilige Effekte. Aber das macht einem Werteprediger nichts, denn es ist ihm gelungen, die von ihm erstrebte Handlung als notwendig aus dem Wert resultierend darzustellen. Es ist ihm gelungen, den Eindruck zu erwecken, es gäbe nur diese und keine andere Möglichkeit, um die Werte – das Gemeinsame, Höhere, Erstrebenswerte, *unsere Kultur* – zu retten.

Man hätte natürlich auch eine ganz andere Handlungskonsequenz fordern können, sogar das glatte Gegenteil. Man hätte beispielsweise mehr Ausgaben für die Bildung und für die Betreuung auffälliger Menschen fordern können. Nur lag das nicht im Interesse desjenigen, der schärfere Gesetze will.

Wert und Handlung scheinbar logisch verknüpfen

Wer sich für eine Handlung auf einen Wert beruft, will den Eindruck erwecken, der Wert wäre untrennbar mit einer Handlung verknüpft. Um seine Absichten zu verschleiern, vollzieht er plötzlich und unvorbereitet den Schritt vom Wert zur Handlungskonsequenz und hofft – wie man beobachten kann, oft sehr erfolgreich – darauf, dass die im Wert beschworene Gemeinsamkeit genügend Schwung hervorbringt, um den Wertgläubigen mitzureißen und zur gewollten Handlung zu bewegen.

Doch bei der Beschwörung von Werten und ihrer anschließenden Verknüpfung mit scheinbar zwingenden Handlungskonsequenzen steht immer die Durchsetzung konkreter Interessen im Hintergrund, und das meint: die Bedürfnisse der Wertverfechter. Es geht um Identität, Macht, Geld und Einfluss.

Wie man sich hinter Werten verschanzen kann

Es dürfte nach allem bisher Gesagten recht offenkundig sein, dass Werte keinesfalls notwendigerweise bestimmte Handlungen nach sich ziehen oder solche gar erzwingen. Was beispielsweise gerecht oder solidarisch, mitfühlend oder ehrlich ist, darüber kann man sich endlos streiten. Umgekehrt wird aber durchaus ein Schuh daraus, der auf alle Füße passt:

> *Beliebige Handlungen lassen sich unabhängig von ihrer Beschaffenheit und ihren Auswirkungen problemlos als wertabhängig verkaufen.*

Warum wird die Sozialhilfe gekürzt, während Subventionen für Reiche erhalten bleiben? Keinesfalls, um die Steuereinnahmen umzuverteilen, sondern um Menschen dabei zu helfen, *Eigeninitiative* zu entwickeln und um den Reichen *Motivation* für Investitionen zu verschaffen!

Warum bekommen selbst Millionäre Kindergeld? Weil das Geld den Kindern zusteht und nicht den Eltern und die *Gerechtigkeit* es erfordert, die Kinder der Reichen nicht zu benachteiligen.

Solche abenteuerlichen Rechtfertigungen sind nicht einmal Fiktion, sie sind der öffentlichen Wertediskussion in der Presse entnommen. Es ist tatsächlich gang und gäbe, jede noch so verheerende Handlung als aus hehren Werten bezogen darzustellen und auf diese Weise zu rechtfertigen. Ob Folter oder Krieg, Todesstrafe oder Abtreibung, Treue oder Treuebruch dem Ehepartner gegenüber, ein passender Wert zur Selbstreinigung findet sich immer.

Werte bieten demnach hervorragende Gelegenheiten, sich hinter ihnen zu verschanzen. Wir alle kennen gut klingende Reden, die allein diesem Zweck des Verschanzens dienen:

- Um die *Freiheit* zu verteidigen, bleibt uns nichts anderes übrig als ... Präventivkriege zu führen – die Achse des Bösen zu bekämpfen – die Atombombe zu entwickeln – weitere Geheimdienstabteilungen einzurichten – von jedem Bürger Fingerabdrücke zu nehmen – eine Datenvorratshaltung einzurichten ...

- Um der *Gerechtigkeit* willen werden wir gezwungen sein ... Menschen auf den elektrischen Stuhl zu schnallen – die Gesetze zu verschärfen ...

- Wenn wir unsere *Kultur* bewahren wollen, müssen wir ... Ausländern unsere Leitwerte vermitteln – die Ausweisungsgesetze verschärfen - Flüchtlinge abweisen ...

- Um den Standort Deutschland attraktiver zu gestalten und damit wirtschaftliche *Sicherheit* zu schaffen, bleibt uns nichts anderes übrig, als ... die Unternehmenssteuern zu senken – den Urlaubsanspruch von Arbeitnehmern zu kürzen – den Kündigungsschutz zu lockern ...

Dass, um ein konkretes Problem zu lösen, zahlreiche andere Handlungsalternativen ergriffen werden könnten, soll aufgrund der Wertbeschwörung untergehen. Man hält den Wert hoch und versteckt sich dahinter.

Ist irgendeine Handlung vorstellbar, die sich nicht rechtfertigen lässt, indem man sich hinter einem Wert verschanzt? Mir ist noch keine untergekommen.

Indem der Werteprediger den Wert wie einen Schild vor sich hält, erweist er sich als professioneller und perfekter Heuchler: Hier stehe ich und kann nicht anders – ich bin durch den Wert gebunden. Mein Gewissen lässt mir keine andere Wahl, ich muss der Sache dienen und meine persönlichen Bedenken – die ich ja durchaus habe – sogar hinten anstellen! Es muss sein!

Und welcher Sache muss gedient werden? Dem Wert, der angeblich ein gemeinsames und deshalb ein „höheres" Anliegen darstellt! Sich hinter Werten zu verschanzen, erweist sich somit als eine überaus elegante Möglichkeit, sich der persönlichen Verantwortung für sein Handeln zu entziehen. Der Soziologie ist das nicht entgangen:

> *"So kann der Wert, auf den ich mich berufe, paradoxerweise von meiner Verantwortung für mein Handeln oder meine Entscheidung ablenken. Denn wenn ich mich auf einen Wert berufe, entscheide nicht ich, sondern der Wert."*[14]

Der Wertprediger handelt sozusagen im höheren Auftrag. Nicht etwa sein politischer Standpunkt, nicht sein wirtschaftliches Interesse, nicht seine persönliche Einstellung haben entschieden: Der Wert wollte es so! Wer bin ich, kleiner nichtiger Mensch, demgegenüber und was bleibt mir anderes übrig, als mich dem hohen Wert des Wertes zu beugen?

Wie man mittels Werten Fehler verschleiern kann

Werte bieten weitere Vorteile in der Kommunikation. Beispielsweise wenn sich später herausstellt, dass eine ergriffene Maßnahme falsch war. Dann kann man die

Situation so darstellen, als wäre sie nicht durch fehlerhafte Handlungen, sondern durch falsche oder fehlende Werte verursacht worden.

Als Beispiel für ein solches Verschleiern kann die Situation auf dem deutschen Arbeitsmarkt herangezogen werden, dessen Lage sich in den letzten Jahren stark verändert hat. Durch die Öffnung der Weltmärkte und den Aufstieg der Schwellenländer zu Industrienationen stehen deutsche Arbeitnehmer heute in direkter Konkurrenz zu Beschäftigten beispielsweise in China oder Indien. In diesen Ländern wird zu herben, frühkapitalistischen Bedingungen produziert, die hierzulande vor mehr als 150 Jahren galten.

Die meisten Arbeiter in Südostasien arbeiten zehn bis zwölf Stunden täglich, sechs Tage in der Woche, ohne Arbeitsschutz und Urlaubsanspruch für ein „Gehalt" von 60 bis 100 Euro pro Monat. Weltweit gibt es nicht zufällig die meisten Toten aufgrund von Arbeitsunfällen in China und Indien. Keine Gewerkschaften, keine Berufgenossenschaften - das sind wahrlich paradiesische Verhältnisse für Unternehmer. Kein Wunder, dass die einfache und zunehmend auch die anspruchsvolle Industrieproduktion in solche Länder verlegt werden.

Für deutsche Arbeitnehmer hat sich die Lage damit dramatisch verschlechtert, die Arbeitslosigkeit nimmt in bestimmten Bereichen zu, und wer Arbeit hat, ist von dauernder Entlassungsangst bedroht und damit erpressbar. An diesem Punkt greifen gesellschaftliche Interessengruppen zum Verschleierungstrick. Sie behaupten, „wir Deutschen" wären zu faul und zu träge geworden, es würde zu lange krankgefeiert, die Lohnnebenkosten wären zu hoch, der Urlaub zu lang, überhaupt wären unsere Ansprüche zu extrem. Die hohe Produktivität der hiesigen Arbeit wird in diesem Zusammenhang unter den Tisch gekehrt.

Mit solchem Gerede spielen die Wertepropheten auf angeblich falsche Werte wie „Selbstverwirklichung", „Spaß" oder die sogenannte „Freizeitgesellschaft" an. Nachdem diese Werte ausreichend diffamiert sind, werden sogleich neue Werte aufgeblasen, christliche Werte oder „alte" Werte wie Respekt, Bescheidenheit und Zurückhaltung. Welche Maßnahmen daraufhin empfohlen werden, liegt auf der Hand.

Bescheidenheit und Zurückhaltung wird den Arbeitnehmern ans Herz gelegt – und hier zeigen sich Interessen –, bei Managern und Politikern ist von diesen propagierten Werten nichts zu bemerken. Diese brauchen im Gegenteil noch viel mehr Geld, damit sie ordentlich *motiviert* sind.

Solche Verschleierungstricks können trotz solcher Widersprüche funktionieren, wie ein Blick auf Löhne und Unternehmensgewinne zeigt. Wir erleben einen Rückgang der Reallöhne auf der einen und ein Emporschnellen der Unternehmensgewinne auf der anderen Seite. Arbeitnehmer verzichten auf Lohnzuwächse und arbeiten ohne Lohnausgleich vier oder sechs Wochenstunden länger. Arbeitsplätze gehen trotz dieser Bescheidenheit und des neuen Fleißes aber weiter verloren. Daran ändern auch konjunkturelle Spitzen nichts. Und die Arbeitsplätze, die in Deutschland aufgrund der Agenda 2010 geschaffen wurden, gingen anderen europäischen Ländern verloren.

Trotzdem brandet kaum nennenswerter Protest auf. Natürlich lässt sich selbst durch drastische Lohnkürzungen kein einziger Arbeitsplatz zurückholen – es sei denn, man senkt die Löhne hier auf das chinesische Niveau von 50 Cent pro Stunde –, aber der Verschleierungstrick liefert, den Werten sei Dank, dennoch die nötige Begründung für Lohnkürzungen und die Verlagerung von Nebenkosten auf die Arbeitnehmer.

Auch im privaten Bereich funktionieren Verschleierungen. So wird beispielsweise so getan, als wären die hohen Scheidungs- und Trennungszahlen auf eine falsche Wertorientierung zurückzuführen, beispielsweise auf die Orientierung an „sexueller Freiheit". Demzufolge wird der Wert der Treue beschworen und es wird versprochen, dass Beziehungen länger halten, wenn die Partner einander nur treu sind.

Das glatte Gegenteil ist der Fall. Gerade weil die jungen Paare sich wieder mehr an Treue orientieren, halten ihre Beziehungen nur noch wenige Jahre. Für sie wird Treue nämlich nicht, wie anno dazumal, durch die Bereitschaft zu verzichten ermöglicht, sondern sie beruht auf einem starken Liebesempfinden für den Partner. Wenn dieses intensive Gefühl nachlässt, wechseln sie den Partner – und bleiben damit ihrem Anspruch auf eine intensive Liebe treu.

Wertebeschwörende Reden eigenen sich hervorragend dazu, eindeutig missratene Maßnahmen auch *nachträglich* zu rechtfertigen. Wie groß der Fehler auch war, der begangen wurde, der Verantwortliche kann sich unter Berufung auf einen Wert als das reinste Unschuldslamm darstellen:

- Unter den damaligen Umständen kam es in erster Linie darauf an, die *Einheit der Nation* zu festigen. (Damit lassen sich Hunderte Milliarden Euro sinnlos in den märkischen, sächsischen und brandenburgischen Sand gesetzte Subventionen und eine gigantische Vereinigungskriminalität verharmlosen.)

- Die *Sicherung der Wirtschaft* erfordert es, marode Banken zu entschulden. Eine Mechanismus, mit dem Verluste aus Kapitalspekulationen auf den Steuerzahler geschoben werden, während Gewinne bei den Anlegern bleiben.

- Die Einführung der Hartz-IV-Gesetze war ein Gebot der *sozialen Gerechtigkeit*. (Diese extreme Dummheit kostet mittlerweile mehr als 24 Milliarden Euro extra pro Jahr.)

- Es ging darum, die Finanzlage der Stadt zu *stabilisieren*. (Indem die faulen Kredite der Wohnungsbaugesellschaften Berlins übernommen wurden, womit die Allgemeinheit für die Spekulationsgewinne einiger Parteibonzen und Immobilienhaie aufkommen muss.)

Auf diese Weise lässt sich jeder Fehler dem Wert in die Schuhe schieben. Man hatte ja gar keine andere Wahl. Es ging um das Gemeinsame.

Wie man locker von Wert zu Wert hüpft

Ich habe betont, dass man sich nicht auf einen Wert festlegen kann, ohne gegen andere Werte zu verstoßen. Zudem stellt jeder Wert einen erstaunlich weiten Interpretationsspielraum dafür zur Verfügung, welche Handlung mit ihm gerechtfertigt werden kann. Worin beispielsweise „Freiheit“ besteht oder was einen „aufrechten Demokraten“ oder „ehrlichen Lebenspartner“ ausmacht, das kann niemand sagen und das darf nicht fest definiert sein.

Wie weit dieser vom Wert vergebene Handlungsspielraum geht, lässt sich jedoch nicht im Voraus sagen, nicht im privaten Bereich und schon gar nicht im gesellschaftlichen Umfeld. Deshalb ist jede direkte oder indirekte Festlegung auf Werte mit einem gewissen Risiko behaftet, denn hat sich jemand als entsprechend gebunden dargestellt, läuft er Gefahr, dass seine Handlungen und seine Selbstdarstellung an diesen sowieso schon vagen Maßstäben gemessen werden und andere zu dem Ergebnis kommen, es läge ein Werteverstoß vor.

Natürlich gibt der geschickte Wertebeschwörer in diesem Fall seine Handlungsabsichten nicht auf. Vielmehr hüpft er elegant auf andere Werte und beschwört die angebliche Gemeinsamkeit von einer anderen Seite – alles, um Zustimmung zu seinen Absichten zu erlangen. Er praktiziert Wertehüpfen, damit er nicht festgelegt werden kann.

Etwa 66 Prozent der Deutschen halten die Politik des Landes für ungerecht. Da liegt es nahe, alle denkbaren Handlungen auf den Wert der Gerechtigkeit auszurichten. Das versuchen die politischen Parteien beispielsweise, wenn es um die Frage geht, welche Leistungen Arbeitslosen zustehen. Sollen Menschen, die 35 Jahre lang in die Arbeitslosenversicherung eingezahlt haben, tatsächlich nur ein Jahr lang Arbeitslosengeld I beziehen, ebenso lang wie junge Leute, die gerade zwei Jahre gearbeitet und kaum Abgaben in den Topf abgeführt haben?

Das wäre zutiefst ungerecht, tönt Partei eins und beruft sich dabei auf *Gerechtigkeit*. Partei zwei kontert: Eine Hausratversicherung würde auch sofort nach Vertragsabschluss die volle Leistung zahlen und nicht erst nach langer Beitragszahlung. Alles andere wäre ungerecht und damit beruft sich auch Partei zwei *Gerechtigkeit*.

In dieser Situation wird es schwierig, sich einfach nur auf Gerechtigkeit zu berufen, und deshalb legt die erste Seite nach mit dem Argument, es ginge um *Leistungsgerechtigkeit*. Wer länger einbezahlt hätte, müsste auch mehr Leistungen erhalten. Daraufhin hält Partei zwei dagegen, unterschiedliche Leistungen würden die *Solidarität* zwischen den Arbeitnehmern untergraben.

Der Sprung von *Gerechtigkeit* zu *Leistungsgerechtigkeit* ist nur ein kleiner Hüpfer, der von *Gerechtigkeit* zu *Solidarität* schon ein größerer. Um die eigene Sache durchzuboxen, könnte sich die Partei eins nun darauf berufen, längere und höhere Arbeitslosengeldzahlungen an langjährig tätige Arbeitnehmer würde deren Motivation untergraben, sich eine neue Arbeit zu suchen, und brächte damit *Selbstverantwortung* ins Spiel.

In der Politik – wie überall – wird ständig von einem Wert zum nächsten gehüpft, mit dem Ziel, die eigenen Interessen zur Geltung zu bringen. Ebenso gibt es im privaten Bereich Grenzen dafür, sich auf einen Wert berufen zu können, auch hier sind die Spielräume, die der Wert den Handelnden einräumt, unklar und es empfiehlt sich ggf. ein Wertehüpfen.

So lässt sich beispielsweise ein getrennt verbrachter

Urlaub vom Partner noch unter den Begriff *Freiheit* einordnen. Ob ein Seitensprung auch unter Berufung auf Freiheit ausgeführt werden darf, ist meist zweifelhaft. Ein Partner, der seine Absicht zum Fremdgehen nicht kontrollieren kann, wird seine Handlung vor sich selbst mit Hinweis auf das gewachsene *Vertrauen* zwischen den Partnern rechtfertigen und sich sagen, die Angelegenheit habe für ihn keine Bedeutung oder sei „rein sexuell". Auch dem Partner gegenüber wird er sich, falls die Eskapade auffliegt, auf Liebe und Vertrauen berufen, und dann wird er herausfinden müssen, ob sein Wertesprung nachvollzogen wird oder nicht.

Wenn ein Kind seine Eltern belügt, werden sich diese auf den Wert *Ehrlichkeit* berufen, dem Kind erzählen, man dürfe nicht lügen und es mit einer Strafe belegen. Das Kind hat aber womöglich schon erkannt, dass sich diese Eltern gegenseitig vieles verschweigen oder verheimlichen, sich womöglich gegenseitig belügen; und das wird es vielleicht ins Spiel bringen und den Wert Ehrlichkeit für diese Situation damit fragwürdig erscheinen lassen. Die Eltern werden sich nun auf ihre *Verantwortung* berufen oder auf ihre Pflicht zu guter *Erziehung*, um ihre Strafabsicht zu rechtfertigen.

Solches Wertehüpfen im privaten und im öffentlichen Bereich lässt leicht den Eindruck entstehen, Werte wären völlig beliebig und im Grunde zu nichts zu gebrauchen. Aber das stimmt nicht. Werte sind immer zu gebrauchen, um die eigenen Interessen dahinter zu verbergen, und da die Werteverkünder nicht zwischen Interessen hin- und herhüpfen können, weil sie daran weit mehr als an allgemeine Vorstellungen wie Werte gebunden sind, praktizieren sie das Wertehüpfen.

Wie man Werte aufbläst

> *"[Werte] gleichen nicht, wie einst die Ideen, den Fixsternen, sondern eher Ballons, deren Hüllen man aufbewahrt, um sie bei Gelegenheit aufzublasen, besonders bei Festlichkeiten."*[15]

Niklas Luhmanns Bild von den Werten als Ballons, deren Hüllen man aufbewahrt, um sie bei Gelegenheit aufzublasen, beschreibt eine weitere Möglichkeit, Werte für sich zu nutzen. Solche Gelegenheiten ergeben sich beispielsweise, wenn es Erfolge zu feiern gibt, weil eine Maßnahme scheinbar oder tatsächlich die erwünschte Wirkung erzielt hat und man sich profilieren will.

Man könnte natürlich schlicht und einfach die Maßnahme als eine richtige Handlungsweise darstellen und sich auf die Schulter klopfen. Damit wäre das Kapitel abgeschlossen, und genau darin bestünde der Nachteil dieses Vorgehens. Bei zukünftig geplanten Maßnahmen könnte man lediglich auf den vergangenen Handlungserfolg verweisen, aber da dieser nichts über den Erfolg der nächsten Maßnahme aussagt, müsste man mit mühsamen Überzeugungsversuchen quasi von vorn beginnen. Spricht man den Erfolg aber nicht vorrangig der getroffenen Handlungsweise zu, sondern in erster Linie einem Wert, von dem man angeblich angeleitet war, dann bläst man einen schönen Ballon auf, der sich später wiederverwenden lässt.

Maßnahmen zur Reform des Gesundheitswesens können solches Werte-Recycling veranschaulichen. Das Problem der Geldknappheit der Kassen wurde durch eine schlichte Erhöhung der Zuzahlung vorübergehend gelöst. Man beruft sich jetzt allerdings nicht auf diese fantasielose und im Grunde einfältige Gebührenerhöhung, um den Erfolg öffentlich hervorzuheben, sondern man bläst einen Wert auf. Man tönt: „Es ist uns gelungen, mehr *Selbstverantwortung* ins Gesundheitssystem zu bringen."

Mit Selbstverantwortung haben die Quasi-Beitragserhöhungen natürlich nicht das Geringste zu tun. Im Gegenteil, schließlich wurden die Erhöhungen den Gebührenzahlern aufgezwungen. Doch wenn dieser Wert genügend stark aufgeblasen ist und der Ballon hoch genug steigt, dann hat man den Erfolg scheinbar *ihm, dem Wert*, zu verdanken. Und schon verfügt man über eine Hülle, die sich bequem einpacken und bei nächster Gelegenheit wiederverwenden lässt. Den Ballon namens Selbstverantwortung.

Man könnte bei nächster Gelegenheit beispielsweise fordern, jeder Versicherte sollte zehn Prozent der Kosten einer Operation selbst tragen. Das passende Argument liefert der aufgeblasene Ballon, denn: „Wir brauchen wesentlich mehr *Selbstverantwortung* im Gesundheitswesen, wir verlassen uns zu sehr auf die Solidargemeinschaft."

Wenn Selbstverantwortung gut ist, kann *mehr* Selbstverantwortung nur besser sein. Folgt man dieser Logik, sollten sich Kranke gleich selbst operieren, schließlich wäre das der Gipfel der Selbstverantwortung.

Das Aufblasen von Werteballons lässt sich überall beobachten, wo Werteprediger einen Weg in der Öffentlichkeit finden. Im Wirtschaftsbereich gelang es nach dem Zusammenbruch der sozialistischen Länder den westlichen Beratern mit Erfolg, den Ballon des Liberalismus aufsteigen zu lassen. Der freie Markt wird es richten, wurde den Menschen versprochen, und zwar ganz von selbst. Das Ergebnis ist bekannt: Raubtierkapitalismus mit dutzenden Milliardären, 80.000 Millionäre allein in Moskau auf der einen und Millionen besitzlosen und hungernden Menschen auf der anderen Seite. Zeitweise waren 80 Prozent der russischen Wirtschaft in der Hand von knapp zwölf Oligarchen. Der "Vollblutdemokrat" Putin hat daran nichts geändert.

Auch die Kirchen üben sich immer wieder im Aufblasen von Werten, etwa gegenüber islamischen Gruppierungen. Bischöfe und Priester feiern von Zeit zu Zeit die Wiederauferstehung sogenannter christlicher Werte. Schließlich beruht unsere gesamte Kultur angeblich darauf. Wir brauchen also keine Angst zu haben, die christlichen Werte werden es schon richten. Notfalls mit Gewalt.

Wie sich Werte zum Streit und als Waffen nutzen lassen

Ich habe darauf hingewiesen, dass ein direktes Aussprechen von Werten den Kommunikationspartner dazu provoziert, einen anderen Wert aus dem Ärmel zu ziehen und diesen dem präsentierten Wert entgegenzuhalten. Auf diese Weise lässt sich mit Werten wunderbar streiten. Auch daran besteht Bedarf.

Mit Werten Streit schüren

Jeder, der ab und zu Talkshows im Fernsehen ansieht, kennt dieses Vorgehen aus eigener Anschauung. Da schlagen sich die Prediger der verschiedenen Lager gegenseitig Werte um die Ohren, dass es nur so kracht. Schlagworte werden mit Schlagworten pariert, ein Wert mit dem Hinweis auf einen anderen abgeschmettert. Das zu tun, stellt aufgrund der Widersprüchlichkeit der Werte und der daraus resultierenden Tatsache, dass im praktischen Leben kein Wert einem anderen grundsätzlich vorgezogen werden kann, kein großes Problem dar. Es lässt sich immer irgendetwas entgegenhalten.

Wer Werte auf diese Weise benutzt, ist allerdings entgegen dem Anschein, den er sich geben mag, nicht auf einen Konsens aus, vielmehr sucht er den Streit. Er ist daran interessiert, zu gewinnen und andere niederzudrücken, und der Eindruck, er wäre im Recht, soll mithilfe des Streits über die "richtigen" Werte erweckt werden.

Eine öffentliche Talkshow, oder im privaten Rahmen eine Diskussion, bietet für einen solchen Wertestreit den passenden Rahmen, weil es dort nicht um Entscheidungen geht, sondern um persönliche Darstellung und oft genug darum, den Eindruck von Gegnerschaft hervorzurufen.

Gegnerschaft ist schließlich sehr identitätsstiftend und wird daher gern gesucht. Als Zuschauer spürt man dies und ist von diesen ergebnislosen Redeschlachten mit geringem Unterhaltungswert entsprechend gelangweilt, es sei denn, man muss gerade seine eigene Identität festigen.

Man mag sich fragen, warum innerhalb unserer Gesellschaft und auch zwischen den Nationen derart massiv nach Streit gesucht wird. Daran zeigt sich, wie sehr wir durch egoistische Motive geleitet sind. Aber noch mehr zeigt sich oft, wie stark das Bedürfnis nach einer scheinbar festen Identität ist. Identität hat eine wahrhafte existentielle Bedeutung.

Identität hat für die Psyche eine ähnliche Bedeutung wie Nahrung für den Körper.

Daher wird alles, was geeignet ist, die persönliche oder nationale Identität (die Teil der persönlichen Identität ist) anzugreifen, als Bedrohung wahrgenommen, als eine existentielle Bedrohung. Das erklärt, warum es für Viele so wichtig ist, andere aus dem Diskurs und am besten aus der Gesellschaft und dem Land auszuschließen. Gerade ein Ausschluss anderer festigt die eigenen Identität. Man sagt damit zwar nicht, wer man ist, aber man betont, wer man *nicht* ist. Kein Ausländer, kein Islamgläubiger, kein Gylen-Anhänger, kein Antidemokrat, kein Ungläubiger usw.

Das Bedürfnis nach Identität taucht in der Kommunikation als das Interesse auf, der zu bleiben, als den man sich empfindet. Dazu kann man fast beliebige Argumente heranziehen. Dass der Islam nicht zu Deutschland gehört, dass wir die Freiheit verteidigen müssen, dass wir die Demokratie in die Welt tragen müssen etc. Schaut man genau hin, bleiben wieder lediglich Interessen übrig und dahinter materielle oder immaterielle Bedürfnisse, die man auf Kosten anderer, die nicht "zu uns" gehören, erfüllen will.

Insofern kann man die meisten politischen Streitereien, die in der Öffentlichkeit ausgetragen werden, ohne Übertreibung als Werte-Kasperletheater bezeichnen. Sie dienen der Stilisierung von Gegnerschaft und sollen die

Anhänger mit der nötigen Identität versorgen, mit der sie sich vom anderen Lager abgrenzen können.

Private und öffentliche Werteschlachten, ob im Bundestag oder im TV, zeigen: Mit Werten lässt sich trefflich streiten. Mit Werten kann man sich einfach ins Recht setzen und andere ins Unrecht. Man kann aber noch weiter gehen: Man kann Werte auch vortrefflich als Waffen nutzen, um andere zu vernichten.

Wie Werte zu Waffen werden

Um das zu erläutern, möchte ich nochmals an den Bedarf erinnern, den Werte in der Gesellschaft bedienen. Sie dienen als Gemeinsamkeitsunterstellungen und werden in der Absicht verwendet, das Verhalten oder die Identität anderer für eigene Interessen festzulegen.

Wenn man das Manipulationsinstrument der Werte jedoch umdreht und anderen Menschen Werte nicht unterstellt, sondern sie ihnen *abspricht*, dann wird eine Waffe daraus. Diese Waffe lässt sich bestens *gegen* die in vielen Fällen unerwünschte Möglichkeit verwenden, einander Gemeinsamkeiten zu unterstellen und daher gemeinsame Entscheidungen treffen zu müssen.

> *Mit jemandem, dem man grundlegende Werte abspricht, hat man scheinbar nichts gemeinsam, mit dem braucht man sich daher nicht zu einigen. Er gehört quasi "nicht dazu". Da er trotzdem da ist, darf man ihn bekämpfen.*

Jemandem Werte und somit jede grundlegende Gemeinsamkeit abzusprechen, auch dafür besteht in dieser Welt vielfältiger Bedarf:

“Wenn man jemanden angreifen möchte ... dann sorgt man dafür, dass man gute Gründe hat, indem man ihn beispielsweise an den Pranger stellt ... und kann dann ruhigen Gewissens in den Krieg ziehen.”[16]

Zeuge der Kunst, anderen Werte abzusprechen und sie damit außerhalb einer vorstellbaren Gemeinsamkeit zu platzieren, werden wir in den gegenwärtigen Konflikten der sogenannten freien mit der islamischen Welt. Ist nicht George W. Bush damals in den Krieg gezogen, um der Welt die Demokratie zu bescheren? Die Freiheit? Die Sicherheit? Oder ging es doch um Öl und das gigantische Business der Kriegsmaschinerie?

In solchen Konflikten werden zahllose symmetrische Projektionen ausgetauscht. Das bedeutet, dass jede Seite der anderen Seite menschliche Werte abspricht und sie als „das Böse“ schlechthin stigmatisiert. Auf diese Weise hat man es nicht mit Menschen, sondern mit Ungläubigen, Fanatikern, Terroristen, Imperialisten oder Zionisten zu tun, also gewissermaßen mit Unmenschen. Man selbst aber kann sich auf höchste Werte berufen: Schließlich hat man seinen Auftrag direkt von der freiheitlichen Grundordnung oder von Gott oder von Allah oder von absoluten und universellen Werten bezogen.

Absolute Werte helfen, Kriege zu führen

Sollen Werte der Rechtfertigung repressiver Maßnahmen bis hin zum Krieg dienen, muss man sie zu absoluten und unveräußerlichen Werten erklären. Beispielsweise zu christlichen Werten oder zu universalen Freiheitswerten. Natürlich gilt der gleiche Mechanismus auch für die andere Seite, auch von dort aus werden absolute Werte, beispielsweise festgehalten im Koran, in Anspruch genommen.

Die Berufung auf absolute Werte zeigt, dass keine Einigung gesucht wird, sondern dass ein offener Machtkampf beabsichtigt ist. Man weiß genau, was man sagen muss, um unüberbrückbare Gräben aufzureißen.

> *"Absolute Werte ... sind Werte mit reflektierter Gegnerschaft. Da die Anhänger dieser Werte schon wissen, wer ihre Gegner sein werden, sehen sie keinen Anlass zur Nachgiebigkeit. Für sie gibt es nur Siege und Niederlagen, zumal sie sicher sein können, dass der Wert, den sie vertreten, als Wert nicht bestritten werden kann."*[17]

Über als absolut ausgewiesene Werte lässt sich sehr effektiv eine Gegnerschaft produzieren und aufrechterhalten. Weil man im Besitz des allein Wahren, des Höheren ist, darf man für die Werte und Interessen der anderen blind sein und kann eigene Interessen (im Namen der Werte) mit Gewalt und ohne jede Rücksicht auf Verstand und Gefühl durchsetzen.

Ein historisches Beispiel hierfür geben die Ereignisse, zu denen es an einem Weihnachtsfest während des Ersten Weltkrieges kam. Damals ließen deutsche und französische Soldaten ihre Kampfhandlungen für die Festtage ruhen, sangen gemeinsam Weihnachtslieder und beschenkten sich gegenseitig – um sich gleich nach den Festtagen weiter zu ermorden. Die Rechtfertigung dafür lieferte ein absoluter Wert, der unter keinen Umständen preisgegeben werden durfte: Es ging um die jeweilige *Nation*! Also um die nationale Identität! Die steht über jedem Leben! Für sie muss man sich opfern!

Wer über derart hohe Werte verfügt, hat sich eine Rechtfertigung geschaffen, sie mit allen Mitteln zu verteidigen. Er muss die Situation dann lediglich so darstellen, als wären unverzichtbare Werte gefährdet, und kann dann jedwede Handlung damit begründen, während er dem Gegner gleichrangige Werte und damit ähnliche Handlungsrechte abspricht.

Die USA scheinen unter den westlichen Ländern das Land mit der ausgeprägtesten Kampfbereitschaft zu sein. Anfang Mai 2006 zeigte George W. Bush anlässlich eines Besuches Verständnis dafür, dass die Deutschen sich weigerten, der „Allianz der Willigen" beizutreten und Krieg gegen den Irak zu führen. Bush meinte, er habe erkannt, dass „die Deutschen keinen Krieg *mögen*". Er hat uns damit eine Schwäche zuschrieb. Vielleicht lassen Deutsche sich nicht so naiv auf höhere Werte festlegen, wie Amerikaner das tun, weil der letzte, der sich hierzulande auf höhere Werte berief, einen Weltkrieg entfachte. Und wahrscheinlich mögen viele Amerikaner den Krieg, weil sie ihn im eigenen Lande noch nicht kennengelernt haben.

Wie auch immer, an „absoluten" und „unveräußerlichen" Werten, mit der sie ihre Kriege rechtfertigen können, mangelte es den USA damals jedenfalls nicht. Dort unterschrieben 58 führende amerikanische Intellektuelle im März 2002, nur wenige Monate nach den Anschlägen auf die Twin Towers, einen offenen Brief an die „Freunde in Europa". In diesem Schreiben postulieren sie unter anderem folgende „universale Grundrechte":

“Alle Menschen sind frei geboren und haben die gleiche Würde und die gleichen Grundrechte ... Das Töten im Namen Gottes steht im Gegensatz zum Glauben an Gott und bedeutet den schwerwiegendsten Betrug an der Universalität religiösen Glaubens.”[18]

Wenn man so etwas schreibt, wie kann man dann einen so genannten „Krieg gegen den Terror“ rechtfertigen? Ganz einfach: Indem man sich auf Werte beruft, die unter den gegebenen Umständen noch höher angesiedelt zu sein scheinen. Man darf zwar nicht im Namen Gottes töten, wie es den Islamisten unterstellt wird, aber im Namen von anderen Werten durchaus:

“Wenn jemand unzweifelhafte Beweise hat, dass Unschuldigen, die sich nicht selbst schützen können, schweres Leid droht, sofern der Aggressor nicht mit zwingenden Gewaltmaßnahmen gestoppt wird, dann verlangt der moralische Grundsatz der Nächstenliebe, die Gewalt einzusetzen.”[19]

Die Intellektuellen sprechen verharmlosend davon, Gewalt anzuwenden – gemeint ist aber ein Angriffskrieg mit grausamen Waffen. Folgt man den Ausführungen dieser intellektuellen Elite, dann muss man *Krieg aus Gründen der Nächstenliebe führen.* Damit bringen die Intellektuellen einen hohen christlichen Wert ins Spiel, der auf keinen Fall aufgegeben werden darf. Die Nächstenliebe verpflichtet geradezu dazu, zu den Waffen zu greifen und den Armen und Unterdrückten beizustehen. Ein Lob an Amerika. Ein gelungenes Kunststück der Werteakrobatik. Ein Armutszeugnis von Intellektuellen!

Um so etwas zu glauben, muss man unter intellektuellem Alzheimer leiden und einiges ganz Offensichtliches ignorieren. Beispielsweise, dass in der Welt unzähligen Unschuldigen ständig Leid zugefügt wird, ohne dass Amerikaner zu den Waffen greifen und ihnen im Namen der Nächstenliebe beistehen. Erst recht darf man nicht sehen, wo Unschuldigen überall Leid *durch die USA* geschieht. Und muss man die Folter von Gefangenen durch US-Soldaten im Gefängnis Abu-Ghuraib und in Guantánamo vergessen.

Für die dort eingepferchten Menschen gilt das Gebot der Nächstenliebe nicht, was logisch ist, weil es sich nicht um Menschen handelt, die „frei geboren sind und die gleiche Würde und die gleichen Grundrechte haben", sondern um „Kombattanten", also gewissermaßen um Nicht-Menschen.

Man muss auch die unschuldig gesteinigten und auf vielfältige andere Weise unterdrückten Frauen in den von den USA gestützten arabischen Emiraten und in Saudi-Arabien vergessen, die ebenfalls auf die zitierten Grundrechte und die Segnungen des Beistands aus Nächstenliebe zu verzichten haben.

Wertewandel

Kommen wir zum letzten Punkt dieses Kapitels, dem Wertewandel. Verfolgt man eine öffentliche Wertediskussion und ihre eindringlichen Rufe nach „neuen" oder „neuen alten" Werten, entsteht mehr und mehr der Eindruck, Menschen könnten sich bewusst neue Werte schaffen.

So reibungslos funktioniert ein Wertewandel natürlich nicht. Werte verändern sich dort, wo ihre Aufgabe liegt: *in der Kommunikation*. Das setzt voraus, dass etwas geschieht, das die bisherige gesellschaftliche Kommunikation beeinträchtigt und bislang gültige Vorstellungen, Abmachungen und Entscheidungen infrage stellt oder aufkündigt. Der übliche Name für solch einen massiven Vorgang lautet: gesellschaftliche Krise.

Ein Wertewandel, der frei von starken Störungen und heftigen Krisen geschieht, ist undenkbar. Erst wenn sich die Lebensverhältnisse und dementsprechend die Bedürfnisse breiter Schichten grundlegend ändern, und wenn diese Veränderung zu einer deutlichen Interessenartikulation und zu spürbaren Auseinandersetzungen der Interessengruppen untereinander führen, bringt diese Aufruhr alte Werte ins Wanken. Man spricht dann davon, dass bisher gültige Werte zu bröckeln beginnen. In der Folge der Ereignisse stellt man schließlich fest, sich nicht mehr auf bestimmte Werte berufen zu können, ohne Missfallen oder Ablehnung zu ernten.

Die Abfolge beim Wertewandel lautet also nicht: Erst schaffen wir ein neues Wertesystem, und damit verändern wir unsere Handlungen sondern: Erst ändern sich die Verhältnisse in der Gesellschaft, daraus entstehen veränderte Bedürfnisse, daran anschließend werden in der Kommunikation neue Vorstellungen untergebracht, auf die man sich in seinen Handlungen berufen kann. Daran, dass hinter der Wertbeschwörung konkrete Interessen stehen, ändert sich zu keiner Zeit etwas.

Mit sogenannten neuen Werten sattelt man lediglich frische Pferde, um auf ihnen möglichst glatt durch die Kommunikation zu galoppieren.

Werte belasten

Sobald ein neuer Wert seine Wirkung unter Beweis stellt – sobald er in der Kommunikation zieht und man Zustimmung dafür erntet – gilt er als etabliert und darf belastet werden. Nun können sich die Interessenvertreter der verschiedensten Gruppen auf den neuen Wert berufen.

In der wirtschaftlichen Wachstumsphase ab der Mitte des letzten Jahrhunderts konnte man sich auf Werte wie *Solidarität* und *Gemeinwohl* berufen. Die Arbeitnehmer waren in einer starken Position und konnten ein relativ tragfähiges soziales Netz durchsetzen. Dann setzte die Globalisierung ein, und parallel zu den schwieriger werdenden Wirtschaftsbedingungen gewannen die Unternehmen an Macht und etablierten nun ihrerseits neue Werte.

In dieser Entwicklung verloren alte Werte wie *Solidarität* an Belastbarkeit, und neue Werte wurden robuster. Das waren vor allem die *Selbst*werte, beispielsweise *Selbst*verantwortung, *Selbst*initiative oder *Selbst*motivation. Wir wären zu träge geworden, jeder würde nur darauf warten, dass man ihm Arbeit gibt, dabei käme es darauf an, sich selbst Arbeit zu schaffen, zu suchen, zu machen. Ein Serviceparadies müsste entstehen.

Aufgrund dieser Wertebeschwörungen gelang es Arbeitgebern und Staat, sich der Verantwortung für Arbeitssicherheit zu entledigen und diese dem Einzelnen zuzuschieben. Die beschworenen Selbstwerte erwiesen sich dabei als durchaus tragfähig. Unter Berufung auf sie ließ sich einiges durchsetzen: die Ich-AG, eine Lockerung des Kündigungsschutzes, die Senkung der Sozialausgaben und anderes mehr, das unter dem Stichwort Neoliberalismus zusammengefasst wurde.

Doch mittlerweile ist die Belastbarkeitsgrenze dieser Werte in greifbare Nähe gerückt. Wer glaubt noch an die Zauberkraft dieser Vorstellungen? Wer glaubt noch daran, Arbeitsplätze würden im Servicebereich wie Pilze aus dem Boden schießen, und es sei nur eine Frage der Selbstmotivation, sich eine auskömmliche Existenz zu verschaffen? Die Ich-AG hat ihr Versprechen nicht gehalten, Millionen Arbeitsplätze sind von der industriellen Revolution 4.0 bedroht. Daran wird auch der gegenwärtige wirtschaftliche Aufschwung, von dem die meisten Menschen gar nicht profitieren, nichts ändern. Das Serviceparadies ist nicht entstanden, und die Sozial- und Gesundheitskosten steigen und steigen. Gleichzeitig werden die Reichen reicher und die Armen ärmer.

Die modernen Selbstwerte scheinen sich allmählich zu verbrauchen, und anscheinend greift man deshalb wieder auf die alten Werte zurück, beispielsweise auf Solidarität und Gerechtigkeit.

Welches die neuen Werte oder die neuen alten Werte sein werden, auf die wir uns in den nächsten Jahren berufen können, ist noch ungewiss. Sie werden aus der gesellschaftlichen Kommunikation heraus sichtbar werden, wo sie – worauf der Soziologe Dirk Baecker hinweist – auf überraschend einfache Weise entstehen:

> *"[Werte entstehen] evolutionär, das heißt durch Zufall. Man stellt fest, dass man Vieles erreicht, indem man sich auf einen bestimmten Wert be-*

ruft, beispielsweise auf die Freiheit oder die Menschenwürde oder sonst etwas."[20]

Werte etablieren sich demnach ähnlich wie Moden. Einen gesellschaftlichen Trend – beispielsweise eine neue Musikrichtung – denkt sich auch niemand aus. Irgendwann fällt auf, dass immer mehr Leute auf eine bestimmte Musik ansprechen, und damit ist eine Mode geboren, die aufgegriffen und verbreitet wird.

Auf gleiche Weise gewinnen Werte an Gewicht. Täglich werden alle möglichen Werte ins Spiel gebracht und beschworen; das meiste davon verpufft wirkungslos. Doch irgendwann wird deutlich, dass man sich effektiv auf bestimmte Werte berufen kann, und damit ist ein neuer Wert geboren. Ausgedacht hat sich ihn niemand, aber er „zieht" in der Kommunikation und erweist dadurch seine Eignung zur Unterstellung von Gemeinsamkeiten.

Angst, dass einer Gesellschaft die Werte ausgehen könnten, braucht daher niemand zu haben.

> *"Für heutige Bedingungen können Werte als inflationsstabil gelten, denn es tut ihnen keinen Abbruch und man muss sie nicht entwerten, wenn man sieht, dass man mit ihnen nichts anfangen kann. Man folge dem Rat der Mode und geht zu anderen Werten über."*[21]

Mit anderen Worten: Interessen finden immer Möglichkeiten, sich in der Kommunikation zu behaupten, und sie finden immer Wege, Vorstellungen zu produzieren, mit denen sich Identität und Handlungen anderer Menschen möglichst verlässlich festlegen lassen.

Vom Wert der Werte

Dass Werte nicht sind, was sie zu sein scheinen, habe ich dargelegt. Aber zugleich sind sie unverzichtbar, sonst gäbe es sie nicht. Wenden wir uns nun den wichtigen Funktionen der Werte zu.

Vage Beobachtungseffekte

Eine positive Wirkung von Werten ergibt sie sich im Zusammenhang mit der gegenseitigen Beobachtung der Beteiligten.

Wer Werte indirekt zitiert (die bessere Möglichkeit) oder sich direkt auf sie beruft (der schlechtere Weg), muss damit rechnen, an diesen Werten gemessen zu werden. Man vergleicht, was ein Mensch sagt mit dem, was er tut. Und je eindeutiger sich jemand einem Wert verschrieben hat, desto leichter wird es, ihn darauf festzunageln.

Hat sich jemand auf bestimmte Werte festgelegt, schränkt das seinen Handlungsspielraum ein.

Darin liegt der wesentliche Grund, warum Werteprofis – allen voran Politiker – eine starre Bindung an Werte vermeiden und warum es gut ist, stets ein paar andere Werte als die gerade propagierten im Ärmel zu haben, um ggf. darauf auszuweichen.

Der Effekt der Beobachtung wirkt allerdings nicht besonders nachhaltig, weil Beobachtung nur begrenzt möglich ist. Beteiligte können vieles tun, um der Beaufsichtigung durch die Öffentlichkeit zu entkommen. Was nicht zu propagierten Werten passt, muss heimlich stattfinden. Weil dieses Verbergen sehr oft gelingt, kann der christliche Ehemann ins Bordell gehen und seinen Kindern dennoch Treue und Ehrlichkeit predigen, und die Gesellschaft kann sich jede Ungerechtigkeit leisten, solange diese nicht Gegenstand der öffentlichen Diskussion wird.

Beobachtung und Festlegung finden eine weitere Grenze durch den Lauf der Zeit. Zwischen dem, was beispielsweise ein Politiker sagt und dem, was er schließlich tut, liegen meist Monate oder sogar Jahre, und in diesem Zeitraum ergeben sich genügend „neue Fakten", die zur Rechtfertigung eines von den beschworenen Werten abweichenden Verhaltens herangezogen werden können.

Gleichzeitig unternehmen Interessengruppen vieles, um die öffentliche Aufmerksamkeit zu manipulieren. Dazu unterhalten Unternehmen und politische Organisationen große Abteilungen für Öffentlichkeitsarbeit, beispielsweise das Bundespresseamt. Diese Einrichtungen dienen einerseits der Beobachtung dessen, was über die jeweiligen Akteure berichtet wird, und der Analyse, wie die besten Antworten ausfallen sollten. Andererseits sind sie dazu da, ein bestimmtes Image aufzubauen.

> *Ein Image ist ja nichts anderes als der erfolgreich aufgebaute Eindruck, an bestimmte Werte gebunden zu sein.*

Man stellt sich in der Werbung als „Die Beraterbank" dar oder verspricht: „Wir machen den Weg frei." Man erweckt den Eindruck, an der Gesundheit des Konsumenten interessiert zu sein. Man erweckt den Eindruck, für eine nachhaltige Produktion zu stehen. Oder man wirbt für Zigaretten mit Individualität.

Wenn ein Werteprophet trotz dieser verschiedenen Möglichkeiten zur Abschwächung von Beobachtungseffekten an von ihm propagierte Werte erinnert wird, kann er immer noch bestreiten, es so gemeint zu haben. Schließlich hat er unter „gerecht“ oder „solidarisch“ etwas ganz anderes verstanden, zumindest damals.

Aufgrund der vielfältigen Möglichkeiten, die private oder gesellschaftliche Öffentlichkeit zu manipulieren, kann weder die Fremd- noch die Selbstbeobachtung die Handlungsspielräume oder die Identität von Wertebeschwörern ernsthaft einschränken. Man rettet sich notfalls durchs Wertehüpfen, und auf diese Weise kann sich die Gesellschaft trotz allem für freiheitlich und gerecht halten, und der Einzelne glaubt trotz seiner tagtäglichen Werteverstöße, er wäre ein von höheren Zielen geleiteter Mensch.

Die wahre Stärke der Werte

Was als bittere Kröte erscheint und in Bezug auf Werte geschluckt werden muss, stellt sich als ihre wahre Stärke heraus: die Unverbindlichkeit der Werte. Weil sie lediglich für die Kommunikation gedacht sind und nicht zur Handlungsanleitung dienen, können Werte nicht eindeutig gelebt werden. Wir müssen uns mit der trügerischen Vorstellung begnügen, wir würden genau das tun. Das tut den Werten keinen Abbruch, denn in der Kommunikation funktionieren sie unbeeindruckt von den Schwächen ihrer praktischen Anwendung. Ganz im Gegenteil:

Werte funktionieren gerade deshalb, weil sie ***nicht*** *festlegen, was zu tun ist, sondern es unter allen Umständen offen lassen.*

Wertekonflikten kann niemand ausweichen, sie ereilen den Wertegläubigen mit Sicherheit. Hierin offenbart sich allerdings keine Schwäche der Werte, sondern vielmehr ihre eigentliche Stärke. Das Problem der Wertekonflikte darf nicht lösbar sein, denn nur wenn Werte das Handeln *nicht* festlegen, können sie ihre Funktion als Gemeinsamkeitsunterstellungen durch alle Konflikte und Differenzen hindurch beibehalten.

Ansonsten wäre ein Handeln, das den verschiedenen Erfordernissen in den verschiedenen Lebensbereichen und gesellschaftlichen Subsystemen entspricht, nicht möglich. Ein eindeutiges Handeln würde erfordern, einen bestimmten Wert in allen Bereichen gelten zu lassen, aber das ist schier unmöglich.

Was soll man mit dem Wert der Solidarität in der Wirtschaft anfangen? Sind Offenheit und Ehrlichkeit in einer Partnerschaft tatsächlich praktikabel? Welchen Sinn hat Fleiß, wenn die Regale überfüllt sind, die menschlichen Beziehungen aber im Argen liegen? Wie wertvoll ist Gelassenheit, wenn der Kühlschrank leer ist? Wie sinnvoll ist Ehrlichkeit in der Politik, solange von Politikern erwartet wird, dass sie uns retten? Welchen Sinn hat Verantwortung in der Wirtschaft, solange keine Transparenz vorhanden ist?

Es gibt keinen Sinn an sich, es gibt keine Werte an sich, und deshalb lassen sich Werte nicht ungebrochen leben, vielmehr werden sie ständig gebrochen, verbogen und verdreht. Aber es gibt Interessen, und nach denen wird unter allen Umständen gelebt.

Was daher an den Werten wirkt, ist nicht ein bestimmter Wert, ist nicht der einzelne Werte, sondern das überaus flexible System der Werte. Werte sind nicht fest, sie bilden ein System aus Gummi.

Das System der Werte

Dirk Baecker beschreibt in dem Interview, das ich mit ihm geführt habe, die Aufgabe der Kommunikation und das System der Werte darin sehr anschaulich:

> *"Kommunikation strukturiert Abhängigkeit zwischen unabhängigen Elementen auf eine Art und Weise, die beides, Abhängigkeit und Unabhängigkeit, zugleich unterstreicht ... [Dafür ist der Wert sozusagen ideal; M. Mary] weil er bindet und offen lässt zugleich. Der Wert des Wertes besteht darin, ein hoch empfindliches Netzwerk wechselseitiger Bestimmung zu schaffen, in der jeder Wert zugleich ein Freiheitsgrad ist. Man kann, muss ihm aber nicht folgen, sondern kann auf andere Werte ausweichen. Dadurch kommen nie einzelne Werte als Lösungen in Frage, auf die die Gesellschaft sich festlegen muss. Dieses gleichzeitige Binden und Offenlassen ist wohl die wichtigste Aufgabe des Wertes."*[22]

Diese Aussage beschreibt, worauf es bei den Werten tatsächlich ankommt: nämlich nicht auf die richtigen Werte, nicht auf einzelne Werte. Was in der gesellschaftlichen Kommunikation wirkt, ist das *System der Werte*, das überaus flexibel ist.

Dieses flexible System erspart es, sich auf bestimmte

Werte festzulegen, was man nicht tun könnte, ohne gegen andere Werte zu verstoßen. Das *System der Werte* mit all seinen Tricks und Ausweichmöglichkeiten bietet genügend Handlungsspielräume, um von Wert zu Wert zu hüpfen, um jede für nötig gehaltene Maßnahme zu rechtfertigen und miteinander im Kontakt zu bleiben, solange man aufeinander angewiesen ist. Oder um sich notfalls zu bekämpfen, wenn das im Sinne eigener Interessen liegt.

Das unlösbare Problem der Werte

Weil Werte nicht binden, sondern alles offenlassen, ist das Werteproblem unlösbar, auch wenn es immer wieder als lösbar dargestellt wird.

> *Aber genau in dieser Unlösbarkeit des Werteproblems liegt der Wert der Werte.*

Das Werteproblem schafft einen Anreiz, auf den jede gesellschaftliche Kommunikation angewiesen ist: den Anreiz nicht zu lösender Probleme.

„*Unlösbare Probleme par excellence heißen heute ‚Werte'*", erklärt Niklas Luhmann.[23]

Solche unlösbaren Probleme, um die sich nicht endende Bewältigungsversuche drehen, werden in der gesellschaftlichen und privaten Kommunikation gebraucht, damit man im Gespräch miteinander bleibt. Aufgrund der Versuche, im Grunde unlösbare Probleme zu lösen, werden ausdauernd Wege zur Bewältigung schwieriger Situationen gesucht.

Werte werden gebraucht, damit sie Gemeinsamkeit dort vorgaukeln, wo es wenig Gemeinsamkeit gibt.

"Die Politik hält sich für alle Anliegen oder Probleme zuständig, die anderswo nicht oder nicht zufriedenstellend gelöst werden können. Das zwingt sie dazu, Gesellschaftsplanung zu versprechen, aber zugleich in Aussicht zu stellen, dass dies ohne Beeinträchtigung der Individuen zu geschehen habe. Die Politik identifiziert sich mit einer Vielzahl von Werten (...), ohne sich darauf festzulegen, wie Wertkonflikte von Fall zu Fall gelöst werden."[24]

Die Politik verspricht, aber sie entscheidet nicht. Sie wartet, bis eine Entscheidung reif ist, um sie dann zu fällen, wenn sie im Grunde schon gefallen ist und nur noch nachvollzogen werden muss.

So wird der Kommunikationsmoloch Gesellschaft die Menschen weiterhin reichlich mit Problemen versorgen, mit Bevölkerungs-, Umwelt-, Kriegs-, Energie-, Ernährungs-, Sinn- und anderen Problemen mehr. Und sie zwingen, nach Wegen der Bewältigung zu suchen. Dabei werden weiterhin Werte aufgeblasen und hochgehalten, und das wird nichts an den dahinter stehenden Interessen ändern.

Werte haben eine unverzichtbare Aufgabe, soviel ist klar. Zugleich ist jeder Wert, an den man sich bindet, eine Karte im Kartenhaus, das über einem zusammenbrechen kann, sobald man diese Karte ziehen und sich darauf festlegen will.

Damit sind wir fast am Ende angekommen. Bleibt noch die Frage, wie man "sozial fit" auf Wertediskussionen reagiert.

Wie man sinnvoll auf Wertediskussionen reagiert

Weil gesellschaftliche Probleme kaum nachhaltig lösbar sind, weil die Lösung von heute das Problem von gleich oder von morgen darstellt, werden wir weiterhin Wertediskussionen führen. Wir werden uns weiterhin auf Gemeinsamkeiten berufen, um interessengelenkte Ziele zu verwirklichen. Wir werden weiterhin um Ressourcen, Macht und Identitäten kämpfen.

Wenn die Flaggen dann hochgezogen werden, wenn leuchtende Werte von den richtigen Lösungen und einer besseren Zukunft künden, wenn schillernde Werteballons in die Lüfte steigen, braucht man sich diesen Wortgeplänkeln nicht ausgeliefert zu fühlen. Und keinesfalls sollte man anderen auf den Werteleim gehen, denn dann dient man deren Interessen.

Wie reagiert man auf Besten auf Wertediskussionen? Man kann, wie Dirk Baecker es vorschlägt, den „Blick für die Verhältnisse schärfen", statt in Werteschlachten einzusteigen. Auf meine Frage „Wie geht es Ihnen als soziologischem Systemtheoretiker in Wertediskussionen?" antwortet er:

> *"Wenn sich über Werte gestritten wird, versuche ich, eine funktionale Analyse anzubieten und stelle die Frage: Warum berufen wir uns auf diese Werte? Worin besteht das Problem, über das wir reden sollten, wenn hier über Menschenwürde, Freiheit et cetera gesprochen wird?"*[25]

Dirk Baecker regt damit etwas sehr Sinnvolles an. Er schlägt vor, immer dann, wenn eine Wertedebatte losgeht, eine Distanz zu den propagierten Werten einzunehmen und statt dessen nach den Problemen und Zusammenhängen zu suchen, *welche diese Debatte auslösen.* Sind diese konkreten Probleme erkannt und benannt, kann man nach konkreten Möglichkeiten zu ihrer Bewältigung suchen.

Wer nicht nach Werten schaut, sondern nach den Problemen forscht, die gelöst werden müssen, fragt beispielsweise:

- Warum wird hier mehr Flexibilität gefordert? Weil Unternehmen nicht genügend Arbeitskräfte finden! Auf welche unterschiedlichen Arten könnte dieses Problem gelöst werden? Wirklich nur, indem man den Kündigungsschutz aufhebt, wie es mit dem Wert der Flexibilität begründet wird? Oder auch, indem man höhere Arbeitslöhne zahlt? Welche anderen Möglichkeiten der Problemlösung gibt es? Wer sich allerdings auf den Wert der Flexibilität festlegen lässt, für den kommt nur die Lockerung des Kündigungsschutzes infrage.

- Warum wird sich hier auf den Erhalt westliche Werte berufen? Weil die Identität vieler Menschen durch Asylanten bedroht scheint! Auf welche unterschiedlichen Arten könnte das Problem gelöst werden? Wirklich nur, indem man Einwanderung unterbindet und Abschiebung forciert? Oder indem man für die Einhaltung geltender Rechtsvorschriften sorgt, oder indem man Asylsuchenden das Recht auf Arbeit einräumt und dadurch für eine bessere Integration sorgt. Oder, indem man nicht nur Flüchtenden Wohnraum anbietet, sondern auch den Einheimischen, die auf dem Wohnungsmarkt keinen bezahlbaren Wohnraum mehr finden? Wer sich auf den Wert der westlichen Werte festlegen lässt, für den kommt allerdings nur Abschottung infrage.

- Warum wird hier behauptet, die Demokratie oder die Sicherheit der westlichen Welt müssten verteidigt werden? Will man eine Gegnerschaft aufbauen, um einen Krieg zu rechtfertigen? Geht es um Einfluss in bestimmten Gebieten der Welt? Geht es um wirtschaftliche Interessen? Welche gesellschaftlichen Gruppen versprechen sich Profite von diesem Vorgehen? Sollte man deren Interessen folgen?

Eines muss man bei Wertediskussionen stets im Auge haben: Sobald jemand sich auf Werte beruft, versucht er, eigene Interessen durchzusetzen. Deshalb gilt in jeder Hinsicht: Augen auf beim Wertekauf!

Zusammengefasst

Ich habe nun mein Bestes gegeben, um Werte von den ihnen anhaftenden Mythen und Wertgläubige von ihren diesbezüglichen Illusionen zu befreien. Ich habe die Gefahren geschildert, die sich ergeben, wenn man eine Karte im Kartenhaus der Werte zieht. Und ich habe die Aufgaben beschrieben, die Werten zukommt.

- Werte sind Scheinriesen, die aus der Ferne betrachtet Halt versprechen, bei näherer Betrachtung für die wechselhaften Situationen des Lebens aber wenig bieten, an dem man sich orientieren könnte.
- Wer mit Werten konfrontiert wird, tut gut daran, den Tatsachen ins Auge zu sehen, die da lauten:

Wo die Musik spielt und was in einer Gesellschaft tatsächlich getan wird, das hängt nicht von den kursierenden Werten ab, sondern von den jeweiligen konkreten Interessen- und Machtverhältnissen, oder, um es weniger drastisch mit den Worten Dirk Baeckers auszudrücken, *„von der Art und Weise, in der es der Gesellschaft gelingt, sich zu stabilisieren".*[26]

- Die Gesellschaft steht permanent vor der Notwendigkeit, sich zu stabilisieren, weil sie unablässig von unvorhersehbar verlaufenden Entwicklungen betroffen ist, die sich früher oder später krisenhaft bemerkbar machen. Ob der ungeheuren Komplexität der modernen Gesellschaften sind Krisen unvermeidbar, denn wir reagieren stets nur auf Entwicklungen, die bereits stattgefunden haben. Dann bleibt nichts anderes übrig, als die auftauchenden Probleme bestmöglich zu bewältigen.
- Diese nicht endende Notwendigkeit der Bewältigung von Problemsituationen verlangt von den Menschen, sich selbst und die gesellschaftlichen Strukturen immer wieder zu verändern und an die Umstände anzupassen. Damit das auf breiter gesellschaftlicher Basis möglich wird, muss ein *kommunikativer* Konsens gesucht werden.
- Werte tragen das Versprechen und die Hoffnung von Gemeinsamkeiten in sich. Sie ermöglicht den Konsens im Moment der Kommunikation, aber sie garantieren keineswegs, dass die jeweiligen Interessen gleichermaßen berücksichtigt werden. Interessen wollen sich stets auf Kosten

anderer Interessen durchsetzen.

- Der Wert ist damit ein faszinierendes, aber auch ein hohles Versprechen, wie Niklas Luhmann sagt:

"Geplante Veränderungen bleiben möglich, aber sie können nur deshalb scheinbar Konsens finden, weil ihre Folgen nicht überblickt werden können. Das Unbekanntsein der Zukunft wird zur Bedingung der Möglichkeit gegenwärtiger Politik. Das Bekenntnis zu allen guten Werten wird zu einer inhaltsleeren, unverbindlichen Attitüde."[27]

Es gibt darum – und das hoffe ich in diesem Buch vermittelt zu haben – viele gute Gründe, der Wertebeschwörung zu misstrauen. Aus einer distanzierten Perspektive heraus, erscheint der Umgang mit Werten durchschaubar. Problematisch wird der gesellschaftliche Gebrauch der Werte für diejenigen, die die Funktion der Werte nicht erkennen und deshalb Gefahr laufen, in die Wertefalle zu geraten und ihre Unschuld zu verlieren, weil sie den Wert für bare Münze nehmen.

Anhang

Interview mit Prof. Dr. Dirk Baecker

Dirk Baecker ist Professor für Soziologie an der Universität Witten/Herdecke. Jüngere Publikationen:

- *Vom Nutzen ungelöster Probleme* (mit Alexander Kluge, Merve Verlag, 2003),
- *Wozu Soziologie?* (Kulturverlag Kadmos, 2004),
- *Kommunikation* (Reclam Verlag 2005),
- *Form und Formen der Kommunikation* (Suhrkamp, 2005).

Michael Mary: Herr Professor Baecker, Werte schweben scheinbar über den Menschen und sind größer als der Einzelne. Woher kommt dieser Eindruck?

Dirk Baecker: Wir unterstellen uns wechselseitig eine Orientierung an Werten, die über die jeweilige Situation, in der wir uns befinden, hinausreichen. Wir berufen uns auf diese Werte, und wir fühlen uns an sie gebunden.

Ein Wert wäre demnach ein Kommunikationsinstrument?

Ich würde sagen: eine Kommunikationsstruktur. Werte sind Gemeinsamkeitsunterstellungen. Sie stellen eine gemeinsam zitierbare Struktur bereit, und daher kann jeder Beteiligte sich auf sie berufen. Aber wir streiten auch um Werte, und dies eher implizit als explizit. Wir versuchen unser Gegenüber in den Einflussbereich jener Werte zu manövrieren, an die wir sein Verhalten gerne gebunden sehen.

Mit Werten bleibt man im Gespräch?

In der Regel vermeiden wir es, uns ausdrücklich auf Werte zu berufen. Meist tun wir das erst dann, wenn ein Streit droht, den wir vorab entweder schlichten wollen, indem wir gemeinsam geltende Werte beschwören, oder aber vorab zuspitzen, indem wir schon einmal den Wert ins Spiel bringen, der uns die besseren Karten gibt. Wir agieren auf diesem Feld mit einem beachtlichen Raffinement, wenn es darauf ankommt. Wir sagen dann: „Es wäre doch schön, wenn ..." oder: „Das bist du dir doch schuldig ..." oder: „Wir waren uns doch bisher immer treu ...", und schon sieht der andere sich in eine Richtung gedrängt, aus der er sich nicht so leicht wieder befreien kann.

Angeblich sind Gesellschaften ja auf Werten begründet, und es wird gesagt – beispielsweise vom Kardinal Lehmann –, Werte gäben Handlungsziele vor und ihnen käme eine Führungsrolle im menschlichen Tun und Lassen zu. Was halten Sie von solchen Aussagen?

Der Kardinal hat mit dieser Aussage sicherlich Recht. Allerdings würde ich unterstreichen, dass die Werte, in denen eine Gesellschaft scheinbar begründet ist, eher im Gegenteil das Resultat dieser Gesellschaft sind. Wir wachsen in einer Gesellschaft auf und merken, welches Verhalten, Denken und Wünschen in dieser Gesellschaft für gut oder für schlecht gehalten wird. Das übernehmen wir mit einem mehr oder minder großen Behagen oder Unbehagen, je nachdem, wie gut wir damit zurande kommen. Und dann berufen wir uns auf diese Werte, wenn etwas schief zu laufen droht, wenn wir den anderen wieder einbinden wollen oder wenn wir uns in einer schwierigen Lage entscheiden müssen. Die Führungsrolle in unserem Leben haben aber eher Gewohnheiten als Werte.

Aber genau das wird behauptet. Jeder beruft sich bei seinen Handlungen auf Werte.

Wenn man sich auf einen Wert beruft, stellt man sich als jemanden dar, der durch die Einsicht in diesen Wert in seinem Handeln gebunden ist. Man stellt den Wert als das scheinbar Höhere dar, von dem man abhängig ist, externalisiert damit seine Handlung oder Entscheidung in die Situation und lenkt so von der eigenen Person ab. Die Person beruft sich auf den Wert, überhöht sich damit und macht sich in ihrer tatsächlichen Existenz und Motivlage unsichtbar in den tollen Werten, die sie im Munde trägt. So kann der Wert, auf den ich mich berufe, paradoxerweise von meiner Verantwortung für mein Handeln oder meine Entscheidung ablenken. Denn wenn ich mich auf einen Wert berufe, entscheide nicht ich, sondern der Wert. Man kann dann nur noch den Wert in Frage stellen, auf den ich mich berufe, aber das fällt bei den meist inhaltslosen und eindeutig positiven Werten, die wir für solche Fälle parat haben (Gleichheit, Freiheit, Brüderlichkeit), eher schwer.

Nach dem Motto: Ich kann nicht anders, meine Werte lassen mir keine andere Wahl ... und verschleiert damit die eigenen Interessen.

Genau. Man verschanzt sich hinter Werten.

Aus Sicht des Individuums stellt es sich dennoch so dar, als ob der Wert seine Handlungen leitet.

Aber nur dann, wenn das Individuum glaubt, Werte

nötig zu haben, und das ist lediglich in Auseinandersetzungen der Fall. Dann legt man sich auf Werte fest. Die Bindung an Werte läuft darauf hinaus, die Identität zu verfestigen, mit dem Risiko des Verlustes von Handlungsspielräumen ...

.... oder eines Verlustes von Identität, wenn der Seitensprung trotz der Absicht, treu zu bleiben, passiert ...

... das ist der Nachteil der Selbstfestlegung durch Werte.

Eine starre Festlegung findet durch eine Wertbindung dennoch nicht statt, etwa in dem Sinne, dass Werte gelebt werden müssen?

Die Kommunikation über Werte führt dazu, dass diejenigen, die behaupten, sich an Werte gebunden zu fühlen (und sei es nur deshalb, weil sie sie anderen nahe legen), damit einen Maßstab in die Welt setzen, an dem sie sich wohl oder übel messen lassen müssen. Wenn Werte kommuniziert werden, wird der Anspruch mitkommuniziert, sich und sein Verhalten im Hinblick auf sie auch beurteilen zu lassen. Nicht zuletzt deswegen sind wir so vorsichtig bei der Kommunikation von Werten und wählen die implizite Kommunikation, mit deren Hilfe wir, wenn es gut geht, den anderen einfangen können (wenn er sich durch uns bewertet und gebunden fühlt), ohne uns selbst wirklich festzulegen. Denn auf Nachfrage können wir dann, wenn wir implizit kommuniziert haben, immer noch sagen, es so nicht gemeint zu haben.

Wenn sie aber nicht auf Handlungen beruhen, wie entstehen dann Werte?

[Werte entstehen] evolutionär, das heißt durch Zufall. Man stellt fest, dass man vieles erreicht, indem man sich auf einen bestimmten Wert beruft, beispielsweise auf die Freiheit oder die Menschenwürde oder sonst etwas. Sie entstehen also daraus, dass man bestimmte positive Erfahrungen, die man in bestimmten Situationen gemacht hat, festhält und in anderen Situationen wieder aufruft. Nach dem Motto, „Das hat damals so gut geklappt, lass' es uns wieder so versuchen." Und dann merkt man, dass sich Werte hervorragend dazu eignen, Konflikte vorzusteuern. Sie werden zu Waffen, zu Waffen, mit denen man den anderen besiegt, aber auch zu Waffen, mit denen man den anderen einbindet.

Wer sich auf Werte beruft, führt scheinbar nur Gutes im Schilde, hat aber sich selbst im Sinn?

Immer dann, wenn man ein Interesse hat, Identität und Handlung des anderen für die eigenen Zwecke verlässlich festzulegen – ohne genau das allzu deutlich werden zu lassen –, unterstellt man ihm Werte, um ihn zu binden.

Offenbar sind Werte heilige Kühe, die man vor sich hertreibt, um seine Absichten zu verdecken. Man kann auf diese Manipulation hereinfallen, und, wie Sie sagen, dabei seine Unschuld verlieren.

Ich glaube, dass man seine Unschuld erst in dem Moment verliert, in dem man merkt, dass die Manipulation kreativ ist. Man wickelt sich und den anderen in Werte ein und merkt, dass man damit tatsächlich ein Stückchen weiter kommt. Aber wehe, wenn man eines Tages doch in Schwierigkeiten landet! Dann erinnert man sich an die Ausgangsmanipulation, jetzt allerdings ohne deren positive Folgen. Man verliert die Unschuld, wenn man merkt, dass man sich sehenden Auges ein Beinchen gestellt hat. Ein falsches Versprechen, das man unter Berufung auf einen Wert gegeben hat, vergiftet im Nachhinein die vielleicht nicht einmal falschen Absichten, die man hinter diesem Wert versteckt hat. Das kann man in der Politik ebenso beobachten wie in Organisationen oder in Ehen.

Mit Werten wird jongliert je nachdem, wie sie sich gebrauchen lassen?

Wenn man genau hinschaut, merkt man, dass Werte immer nur mit den Fingerspitzen angefasst werden, so als wisse man um deren sehr ambivalente Wirkung vor allem im Hinblick auf den Verlust von Handlungsspielräumen. Werte sind ja meist geradezu dramatisch unterkomplex und können dieses Defizit nur kompensieren, indem sie möglichst allgemein und positiv formuliert werden, denn dann schließen sie fast nichts mehr aus.

Werte taugen zur Bewaffnung?

Und sie stimulieren Streit. Man sitzt zum Beispiel mit den Kindern am Abendbrottisch und die Frage taucht auf, ob man in der Schule bei Klassenarbeiten schummeln darf oder nicht. Wenn die Eltern daraufhin den Wert der Ehrlichkeit hochhalten, machen sie vor allem klar, dass sie hier nicht mit sich reden lassen und zu jedem Streit darüber bereit sind …

... worauf die Kinder entweder nachgeben oder selbst einen anderen Wert aus dem Hut holen ...

... ja, zum Beispiel den Wert kluger Geschicklichkeit in überfordernden Situationen. Die Eltern können dann tunlichst nur noch den Streit vermeiden, indem sie das Thema auf die Frage lenken, wie man durch rechtzeitige und sorgfältige Vorbereitung die Überforderung und damit die Versuchung der Unehrlichkeit vermeiden kann. Damit werden die Werte der Kinder und der Eltern anerkannt – und man findet eine Lösung nicht auf der Ebene der Werte, sondern geeigneten Handelns.

Gott sein Dank stehen genug Werte zur Verfügung, auf die man sich je nach Lage der Dinge berufen kann.

Ja, was wirkt, ist nicht der einzelne Wert, sondern das System der Werte. Daher kann man schnell auf andere Werte wechseln, um die eigene Position zu stärken. Auch deswegen bleiben die Werte meist implizit, denn so kann man offen lassen, auf welchen der verschiedenen möglichen Werte man sich bei Rückfragen berufen würde. Und so kann man sich gegenseitig eine Orientierung an Werten unterstellen, ohne sagen zu müssen, an welchem Wert.

Wie kann man einen Wert unterstellen, beispielsweise Gerechtigkeit?

Indem man darauf aufmerksam macht, in welcher benachteiligten Situation jemand ist. Damit nehmen Sie den Wert der Gerechtigkeit in Anspruch, ohne ihn auszusprechen. Es ist interessanterweise leichter, für den unterstellten Wert der Gerechtigkeit Zustimmung zu finden, als für den laut ausgesprochenen Wert der Gerechtigkeit. Denn wenn Sie den Wert laut aussprechen, könnte jemand auf die Idee kommen, den Wert der Freiheit zu zitieren, um dafür zu werben, dass einzelne Benachteiligungen in Kauf genommen werden müssen, wenn man in einer insgesamt liberalen Gesellschaft leben will.

Werte symbolisieren etwas Unbezweifelbares. Hat der Bedarf an Werten zugenommen, weil es wenig anderes Unbezweifelbares gibt?

Ja, das ist die These von Niklas Luhmann, dass man von Werten um so mehr spricht, je größer die Krise der Gesellschaft ist. Je mehr Grund zum Zweifeln man hat, desto mehr sucht man nach Dingen, die nicht zu bezweifeln sind. Für Luhmann ist die Diskussion über Werte – nicht bereits der Umstand, dass man sich auf Werte beruft – ein Krisenzeichen. Und die Krise ist dann vorbei, wenn über Werte nicht mehr diskutiert werden muss. Dann haben sich neue Werte eingespielt, die sich so sehr von selbst verstehen, dass niemand mehr über sie spricht.

Zum Beispiel Flexibilität und Eigenverantwortung. Diese Werte haben sich in den neunziger Jahren durchgesetzt, und jetzt kann man sich auf sie berufen und sie, wie Sie sagen, „belasten“. Wie viel Belastung hält ein Wert denn aus?

Das kommt darauf an, wofür er in Anspruch genommen wird. Flexibilität kann man beispielsweise in Anspruch nehmen, um den Schutz der Arbeitnehmer vor Kündigungen abzubauen. Wie weit und wie lange die das mitmachen, muss sich dann zeigen. Wird ein Wert zu sehr in Anspruch genommen, kann er ruiniert werden und damit unbrauchbar sein.

Neben solchen neuen Werten werden momentan traditionelle Werte, christliche Werte, bürgerliche Werte, westliche Werte beschworen. Wozu dient das?

Es ersetzt die Analyse der Situation. Wer sich auf traditionelle Werte beruft, muss nicht analysieren, sondern weiß sofort, warum er auf der richtigen Seite ist. Werte kommen in der gesellschaftlichen Diskussion nämlich auch da vor, wo sich Menschen widerstandsfähig gegen Lernerfahrungen machen wollen.

Werte machen blind? Das ist auch eine Art von Orientierung!

Nehmen Sie das Beispiel Patriotismus. Man zieht in den Krieg, weil man den anderen für einen Gegner hält, gleichgültig, ob man dafür Gründe hat oder nicht. Unter Berufung auf den Wert der Vaterlandsliebe hält man ihn für einen Feind. Werte machen robust gegen entgegenlaufende Erfahrungen.

Wenn es einen Bedarf gibt, Werte zu unterstellen, gibt es auch einen dafür, Werte abzusprechen?

Ja, wenn man jemanden angreifen möchte, bei dem man nicht genau weiß, ob man ihn angreifen darf, dann sorgt man dafür, dass man gute Gründe hat, indem man ihn beispielsweise an den Pranger stellt. Das Reich des Bösen ...

... oder die westlichen Ungläubigen aus Sicht fundamentaler Islamisten ...

... und kann dann ruhigen Gewissens in den Krieg ziehen.

Da fällt mir George Bush ein, der Demokratie mit undemokratischen Mitteln und Menschenwürde mit unmenschlichen Maßnahmen verteidigen will. Wie wirkt sich das auf die Werte aus? Wirft man sie dann über Bord?

Nein, man schließt daraus, dass der amerikanische Präsident die Menschwürde missbraucht, und eben nicht, dass der Wert der Menschenwürde fragwürdig wäre. Es gibt Werte, die wir gerade dann festhalten, wenn wir sehen, dass sich Leute auf sie berufen, die das Gegenteil betreiben. Dass diejenigen, die dem Präsidenten folgen, sich auf dieselben Werte berufen wie diejenigen, die etwas gegen ihn haben, ist für die Gesellschaft aber nicht ohne Risiko. Man fragt sich, in welcher Gesellschaft man sich aufhält, in der solche Widersprüche möglich sind, und stellt womöglich die Gesellschaft in Frage.

Bush beruft sich ja auf sogenannte absolute Werte wie beispielsweise Freiheit. Von absoluten Werten sagen Sie, es wären Werte mit reflektierter Gegnerschaft. Man nutzt sie, um eine Einigung auszuschließen?

Das ist die polemogene, den Streit stiftende Funktion von Werten. Werte stellen die Möglichkeit bereit, einen Streit zu begründen und auch zu führen. Das Gute gegen das Böse, das Tugendhafte gegen das Lasterhafte. Da werden Werte bezogen weil man schon weiß, dass man gegen bestimmte Leute argumentativ oder militärisch zu Felde ziehen will. Die Werte scheinen ein Angebot an den anderen zu sein, und wenn der nicht auf die eigene Position eingehen will, hat man einen guten Grund, bei seiner Gegnerschaft zu bleiben.

Geht die Diskussion über christliche und islamische Werte in diese Richtung? Angela Merkel beispielsweise meinte in einer Rede: „Wir müssen uns schon überlegen, was der Kitt sein soll, der unsere Gesellschaft zusammen hält."

Im Rahmen der Globalisierung müssen ganze Milieus um ihre Existenz fürchten. Die fangen dann an, die europäische Kultur zu verteidigen. Dann werden Werte zitiert, die es begründen, sich nicht zu ändern. Man braucht sich dem internationalen Vergleich nicht zu stellen, wenn man sich auf die eigene Kultur beruft.

Kardinal Lehmann meint, der Wandel in der Wertorientierungen könne Voraussetzung und Motiv für neue gesellschaftliche Veränderungen sein. Er glaubt anscheinend, dass man sich neue Werte ausdenken könnte oder solche aus besonders fruchtbaren Auseinandersetzungen hervorgehen könnten.

Es gibt eine Theorie des Wertewandels, die das behauptet. Soziologische Theorien würden eher sagen: Wenn die gesellschaftlichen Strukturen sich verändern, fangen die Werte an zu bröckeln. Man merkt, dass man sich nicht mehr richtig auf sie berufen kann, man sucht nach neuen und wird so lange suchen, bis die gesellschaftlichen Strukturen wieder zu einem Gleichgewicht gefunden haben. Dann hört die Suche nach neuen Werten auf, weil sich brauchbare neue gefunden haben, die funktionieren, das heißt, auf die man sich mit Erfolg berufen kann.

Wertewandel als Folge der Machtverhältnisse ...

... eher der Art und Weise, in der es der Gesellschaft gelingt, sich neu zu stabilisieren. Als historisches Beispiel: der Übergang der Adelsordnung in eine wirtschaftsorientierte, bürgerliche Gesellschaft.

Die Wertevermittlung soll heute in der Schule geschehen. Was halten Sie von einem Schulfach Werte?

Ich bin hier eher skeptisch. Die Schule leidet ja sowieso schon unter zu vielen guten Absichten, die von den Lehrern immer wieder betont und von den Schülern, die wissen, wie weit der Einfluss der Lehrer reicht, immer wieder höflich übersehen werden. Natürlich macht es Sinn, auch über Werte nachzudenken und zu diskutieren. Aber ich würde das anlassgebunden, gelegenheitsabhängig machen und es eher vermeiden, aus den Werten auch noch ein „Fach" zu machen, in dem dann gelernt und geprüft wird.

Angeblich ist eine Wertevermittlung j notwendig, um unsere Kultur vor fremden Einflüssen zu schützen.

Ich denke, dass man in dieser Hinsicht eher vorsichtig sein muss. Einerseits dichten Werte gegen neue und interessante Erfahrungen ab, und andererseits machen sie neugierig auf andere Werte. Je nach Lage der Bedrohung wird dann das eine oder das andere Moment stärker. Deswegen weiß man auch nie so genau, ob der Verweis auf die eigene Kultur im Vergleich mit einer fremden Kultur die Werte der Debatte entziehen soll oder gerade die Diskussion ermöglichen soll. Mit anderen Worten: Sind die Werte einer Kultur unverhandelbar, weil es sich ja um eine Kultur handelt? Oder sind die Werte einer Kultur verhandelbar, weil es ja auch andere Kulturen gibt, die andere Werte kennen? Diese Ambivalenz ist dem Zusammenhang von Werten und Kultur eigen. Und ich finde, dass die Ambivalenz der eigentliche Gewinn ist, der mit einer eindeutigen Antwort auf die Frage nur wieder verspielt würde.

Wie geht es Ihnen als soziologischem Systemtheoretiker in Wertediskussionen?

Wenn sich über Werte gestritten wird, versuche ich, eine funktionale Analyse anzubieten und stelle die Frage: Warum berufen wir uns auf diese Werte? Worin besteht das Problem, über das wir reden sollten, wenn hier über Menschenwürde, Freiheit et cetera gesprochen wird? Ich will den Blick für die Verhältnisse schärfen.

Woran wahrscheinlich ein geringes Interesse besteht, vor allem in öffentlichen Diskussionen.

Man hört sich meine Sicht an und streitet dann weiter über die Werte, bestenfalls lernt man nebenbei ein wenig.

Halten wir fest: Der Wert leitet weder Handlung an noch baut er gesellschaftliche Fundamente. Er ist in der Kommunikation verortet, dort ist sein Zuhause. Er ermöglicht den Streit und die Auseinandersetzung mit anderen auf dem Hintergrund je eigener Interessen.

Kommunikation strukturiert Abhängigkeit zwischen unabhängigen Elementen auf eine Art und Weise, die beides, Abhängigkeit und Unabhängigkeit, zugleich unterstreicht ...

... dazu ist der Wert sozusagen ideal ...

... weil er bindet und offen lässt zugleich. Der Wert des Wertes besteht darin, ein hoch empfindliches Netzwerk wechselseitiger Bestimmung zu schaffen, in der jeder Wert zugleich ein Freiheitsgrad ist. Man kann, muss ihm aber nicht folgen, sondern kann auf andere Werte ausweichen. Dadurch kommen nie einzelne Werte als Lösungen in Frage, auf die die Gesellschaft sich festlegen muss. Dieses gleichzeitige Binden und Offenlassen ist wohl die wichtigste Aufgabe des Wertes.

Über den Autor

Michael Mary ist einer der bekanntesten deutschen Paar-, Individual- und Singleberater. Er hat mehr als 36 Bücher geschrieben. Darunter sind einige Best- und Longseller, unter anderem:

- Kann denn Single Zufall sein?
- LiebesGeld - vom letzten Tabu in Paarbeziehungen
- 5 Lügen, die Liebe betreffend
- Wie Männer und Frauen die Liebe erleben
- Der kleine Paarberater

Für den NDR und SWR führte er etliche Paarberatungs-Sendungen im öffentlich-rechtlichen Fernsehen durch. Er arbeitet in Hamburg, wo er neben Beratungen und Workshops auch Fortbildungen in seiner Methode "Erlebte Beratung" durchführt.

Viele seiner Bücher sind als E-Book und Print erhältlich. Auf seiner Homepage (http://michaelmary.de) finden Sie eine Zusammenstellung seiner Bücher sowie den Zugang zum Shop, in dem neben Büchern und Instrumenten zur Selbsthilfe auch Online-Workshops und Online-Beratung angeboten werden.

Endnoten

Halten Werte die Gesellschaft zusammen?

[1] Günter Dux, *Die Spur der Macht im Verhältnis der Geschlechter*, Frankfurt/Main 1997, Seite 75.

Was Werte sind

[2] Dirk Baecker im Interview mit Michael Mary, abgedruckt im Anhang dieses Buches.

Der Bedarf nach Werten

[3] Dirk Baecker im Interview mit Michael Mary, 6. April 2006.

[4] Dirk Baecker, *Wozu Soziologie?*, Berlin 2004, Seite 25.

[5] Niklas Luhmann, *Die Gesellschaft der Gesellschaft*, Frankfurt/Main 1997, Seite 1.123.

Sich auf gemeinsame Werte berufen

[6] Ebenda, Seite 1.079.

Warum Werte keine Handlungsorientierung vermitteln

[7] Aus einem Papier der Leibniz Universität Hannover zum Seminar „Entwicklungspsychologie“ unter Leitung von Edith Bosse.

[8] Kardinal Karl Lehmann in den Sinclair-Haus-Gesprächen 24-25. April 1998

Warum man bestimmte Werte nicht leben kann

[9] zitiert von Prof. Detlef Horster, in: *Geo-Wissen* Nr. 35/2005

Warum Werte immer widersprüchlich sind

[10] Niklas Luhmann, *Gesellschaftsstruktur und Semantik*, Frankfurt/Main 1995, Seite 129.

Wieso es keine Wertehierarchie gibt

[11] Zitiert aus der Website von Matthias Schwehm, http://e-nlp.de/Wert-Werte.html

[12] Luhmann, *Die Gesellschaft der Gesellschaft*, Seite 799 ff.

Wieso Werte keine verlässliche Identität vermitteln

[13] Siehe hierzu Florian Güßgen, „Gefesselt. Gedemütigt. Entwürdigt“, in: *Stern*, 5. August 2006

Wie man sich hinter Werten verschanzen kann

[14] Dirk Baecker im Interview mit Michael Mary 2006

Wie man Werte aufbläst

[15] Luhmann, *Die Gesellschaft der Gesellschaft*, Seite 341 ff.

Wie sich Werte zum Streit und als Waffen nutzen lassen

[16] Dirk Baecker im Interview mit Michael Mary, **2006**

Absolute Werte helfen, Kriege zu führen

[17] Luhmann, *Die Gesellschaft der Gesellschaft*, Seite 800.

[18] Offener Brief von US-Bürgern „An unsere Freunde in Europa“, in: *Der Tagesspiegel*, 12. März 2002

[19] Ebenda.

Wertewandel

[20] Dirk Baecker im Interview mit Michael Mary, 6. April 2006.

[21] Luhmann, *Die Gesellschaft der Gesellschaft*, Seite 384 f.

Die wahre Stärke der Werte

[22] Dirk Baecker im Interview mit Michael Mary, 6. April 2006.

Das unlösbare Problem der Werte

[23] Luhmann, *Gesellschaftsstruktur und Semantik*, Seite 19.

[24] Ebenda, Seite 126.

Wie man sinnvoll auf Wertediskussionen reagiert

[25] Dirk Baecker im Interview mit Michael Mary, 6. April 2006.

Zusammengefasst

[26] Dirk Baecker im Interview mit Michael Mary, 6. April 2006.

[27] Niklas Luhmann, *Gesellschaftsstruktur und Semantik*, Frankfurt/Main 1995, Seite 115.